Grundlagen zum Strafprozessrecht

W0179184

ISBN 978-386676-745-4

Prof. Dr. Tanja Hartmann-Wergen

Grundlagen zum Strafprozessrecht

Erläuterungen und Prüfungsaufbauten

(11., überarbeitete und aktualisierte Auflage)

ISBN 978-3-86676-745-4

Verlag für Polizeiwissenschaft
Prof. Dr. Clemens Lorei

Bibliografische Information der Deutschen Nationalbibliothek
Die Deutsche Nationalbibliothek verzeichnet diese Publikation in der Deutschen Nationalbibliografie; detaillierte bibliografische Daten sind im Internet über http://dnb.d-nb.de abrufbar.

Verlag für Polizeiwissenschaft, Prof. Dr. Clemens Lorei
Eschersheimer Landstraße 508 • 60433 Frankfurt
Telefon/Telefax 0 69/51 37 54 • verlag@polizeiwissenschaft.de
www.polizeiwissenschaft.de

Printed in Germany

Vorwort

Das vorliegende Buch dient der Vermittlung des wesentlichen und prüfungsrelevanten Inhalts des Strafprozessrechts. In seiner Darstellungsweise ist es an den Aufbau einer Prüfungsklausur angepasst.

Das Buch soll als vorlesungsbegleitende Lektüre verstanden werden und zudem übersichtlich und einprägsam sein. Aus diesem Grund wurde es auf das Wesentliche beschränkt und auf Fußnoten bei den Erläuterungen und Definitionen überwiegend verzichtet. Um gleichzeitig den Bezug zur Praxis zu wahren und damit auch dem praktisch agierenden Polizeibeamten eine schnelle Hilfestellung bieten zu können, wurde auf eine wissenschaftliche Darstellung von Literaturansichten verzichtet und allein die Auffassung der Rechtsprechung berücksichtigt.

Als Literatur wurde – sofern nichts anderes erwähnt ist – insbesondere folgendes herangezogen:

- Meyer-Goßner, Kommentar zur Strafprozessordnung, 65. Auflage 2022,
- Burhoff, Handbuch für das strafrechtliche Ermittlungsverfahren, 9. Auflage 2021,
- Wiesneth, Handbuch für das ermittlungsrichterliche Verfahren, 1. Auflage 2006.

Vervielfältigungen dieses Buches sowie das Kopieren von Auszügen sind nur mit Zustimmung der Verfasserin erlaubt.

Von der Verfasserin wurde auch das Buch *„Grundlagen zum Strafrecht – Erläuterungen und Prüfungsaufbauten"* geschrieben, ebenso *„Fälle zum strafprozessualen Ermittlungsverfahren: Fallsammlung und Klausurenkurs in Gutachtentechnik"* (gemeinsam mit Herrn Prof. Dr. S. Rittig).

Wiesbaden, im November 2022   *Prof. Dr. Tanja Hartmann-Wergen*

Inhaltsverzeichnis

Kapitel III

Übungsklausur mit Lösungsvorschlag

Kapitel I

Grundlagen zum Strafprozessrecht

1. Gesetzliche Grundlagen

Strafprozessordnung (StPO)

Sie enthält das Verfahrensrecht, regelt also, wie eine Straftat verfolgt wird, d.h. welche Maßnahmen zur Erforschung eines Sachverhaltes zulässig sind.

Strafgesetzbuch (StGB)

Das materielle Strafrecht bestimmt abstrakt die Voraussetzungen für das Entstehen eines Strafanspruches. Auch hier sind aber einige Vorschriften enthalten, die für das Strafprozessrecht von Bedeutung sind (z.B. §§ 77 ff. StGB – Strafantragsvoraussetzungen oder §§ 78 ff. StGB – Verjährungen).

Grundgesetz (GG)

Das Grundgesetz regelt neben den einzelnen Grundrechten (Art. 1 – 19 GG) u.a. die Immunität der Abgeordneten (Art. 46 GG), den Anspruch auf rechtliches Gehör (Art. 103 Abs. 1 GG) und Rechtsgarantien bei Freiheitsentziehungen (Art. 104 GG).

Jugendgerichtsgesetz (JGG)

Es regelt sowohl den Aufbau der Jugendgerichte als auch die Besonderheiten des Verfahrens gegen Jugendliche und Heranwachsende.

Ordnungswidrigkeitengesetz (OWiG)

Das Ordnungswidrigkeitengesetz bestimmt u.a. den Ablauf des Bußgeldverfahrens und die Aufgaben und Rechte der Verfolgungsbehörden.

Gerichtsverfassungsgesetz (GVG)

Es regelt insbesondere den Aufbau und die Zusammensetzung der einzelnen Gerichte, ferner ihre sachliche und funktionelle Zuständigkeit. Außerdem regelt das GVG die Rechtsstellung der Staatsanwaltschaft und enthält die Rahmenvorschriften für die Ermittlungspersonen der Staatsanwaltschaft.

Zivilprozessordnung (ZPO)

Die Zustellungsvorschriften der ZPO (§§ 166 ff. ZPO) gelten über § 37 StPO auch für das Strafverfahren.

Richtlinien für das Strafverfahren und das Bußgeldverfahren (RiStBV)

Es handelt sich um eine Verwaltungsanordnung, die das Vorgehen der Staatsanwaltschaft beschreibt.

2. Strafprozessuale Grundbegriffe

- **Auskunftsverweigerungsrecht, § 55 StPO**

  Das Auskunftsverweigerungsrecht gewährt dem Zeugen das Recht, einzelne Fragen, die ihn selbst oder einen nahen Angehörigen belasten würden, nicht zu beantworten. Dabei gilt das Auskunftsverweigerungsrecht grundsätzlich nur punktuell. Würde aber jede Aussage zur Sache belastend sein, kann es im Ergebnis einem Zeugnisverweigerungsrecht (vgl. zu diesem Begriff die Ausführungen unten) gleichkommen.

  Der Zeuge darf die möglicherweise belastenden Tatsachen nicht einfach verschweigen, sondern muss erklären, dass er die Auskunft verweigert.

  Über das Auskunftsverweigerungsrecht ist der Zeuge zu belehren (§ 55 Abs. 2 StPO, vgl. dazu die nachfolgenden Ausführungen in diesem Kapitel unter Punkt 5.2 „Belehrungspflichten bei der polizeilichen Vernehmung eines Zeugen oder Sachverständigen").

- **Beschuldigter**

  Beschuldigter ist der Tatverdächtige, gegen den polizeiliche oder staatsanwaltschaftliche Ermittlungen wegen des Verdachts einer strafbaren Handlung geführt werden.

  Die Beschuldigteneigenschaft eines Tatverdächtigen kann nur durch den Willensakt der zuständigen Strafverfolgungsbehörde begründet werden, der in der Regel in der förmlichen Einleitung des Ermittlungsverfahrens besteht. Es reicht aber auch aus, wenn aufgrund des begründeten Verdachts einer bestimmten Straftat konkrete Ermittlungsmaßnahmen ergriffen werden, die erkennbar darauf abzielen, gegen diese Person wegen einer Straftat strafrechtlich vorzugehen.

  Strafunmündige können nicht zu Beschuldigten gemacht werden.

  Ist die öffentliche Klage erhoben, so wird der Beschuldigte als Angeschuldigter bezeichnet; nach Eröffnung des Hauptverfahrens ist er Angeklagter (§ 157 StPO).

- **Beweise**

  Das gesamte Ermittlungsverfahren wie auch das richterliche Verfahren bestehen aus dem Suchen nach Beweisen, der Erhebung der Beweise, ihrer Würdigung und aus dem Ziehen von Konsequenzen aus den erzielten Ergebnissen in der Form von Entscheidungen.

- **Beweismittel**

  Die Beweismittel des Strafverfahrens sind:

  1. Zeugen (§§ 48 - 71 StPO)
  2. Sachverständige (§§ 72 - 85 StPO)
  3. Augenschein (§§ 86 - 93 StPO)
  4. Urkunden und andere Schriftstücke (§§ 249 - 256 StPO)

  Die Vernehmung des Beschuldigten gehört nicht zur Beweisaufnahme im prozesstechnischen Sinne (§ 244 Abs. 1 StPO), weil der Beschuldigte ein Schweigerecht hat. Sagt der Beschuldigte aber aus, macht er sich praktisch selbst zum Beweismittel und seine Aussage darf verwertet werden.

- **Beweisverwertungsverbote**

  Beweisverwertungsverbot bedeutet, dass die ermittelten Tatsachen nicht zum Gegenstand der Beweiswürdigung und Urteilsfindung gemacht werden dürfen. Wenn gesetzlich nicht ausdrücklich ein Verwertungsverbot vorgeschrieben ist (wie z.B. in § 136 a StPO), dann löst die fehlerhafte Beweiserhebung nicht zwangsläufig ein Verwertungsverbot aus. Vielmehr ist grundsätzlich das Interesse des Staates an der Tataufklärung gegen das Individualinteresse des Bürgers an der Bewahrung seiner Rechtsgüter abzuwägen.

- **Deliktsarten im Strafprozess**

  1. Offizialdelikte

      Als solche werden alle Straftaten bezeichnet, die den Rechtsfrieden der Allgemeinheit in erheblichem Maße stören und daher von Amts wegen verfolgt werden und eventuell zur Anklage führen.

      Hier betreiben die Strafverfolgungsbehörden nach dem Legalitäts- und Offizialprinzip die Strafverfolgung (vgl. zum Begriff „Legalitätsprinzip" die Ausführungen unten).

2.   Antragsdelikte

Dies sind Delikte, die in erster Linie nicht den Rechtsfrieden der Allgemeinheit, sondern den des einzelnen Bürgers stören. Erkennbar sind sie durch den Zusatz: „Die Tat wird nur auf Antrag verfolgt" (vgl. z.B. § 123 Abs. 2 StGB). Ihre Strafverfolgung tritt grundsätzlich nur auf Antrag des Verletzten (§§ 77, 77 a StGB) ein.

Eine Ausnahmestellung bei den Antragsdelikten nehmen solche Straftatbestände ein, bei denen neben dem oben genannten Antragserfordernis steht: „.., es sei denn, dass die Strafverfolgungsbehörde wegen des besonderen öffentlichen Interesses an der Strafverfolgung ein Einschreiten von Amts wegen für geboten hält" (vgl. z.B. § 230 StGB). Die erforderlichen Maßnahmen werden dann ebenfalls von Amts wegen eingeleitet.

3.   Privatklagedelikte

Hierbei handelt es sich um die in § 374 StPO aufgeführten Delikte, die fast ausschließlich den Rechtsfrieden des Einzelnen beeinträchtigen. Ihre Strafverfolgung wird daher grundsätzlich dem Verletzten überlassen; nur beim Vorliegen von öffentlichem Interesse verfolgt die Staatsanwaltschaft gemäß § 376 StPO von Amts wegen.

• **Ermittlungspersonen der Staatsanwaltschaft**

Die Strafprozessordnung sieht an verschiedenen Stellen besondere Befugnisse für sogenannte Ermittlungspersonen der Staatsanwaltschaft vor, ohne diesen Begriff näher zu klären. Welche Beamtengruppen der Polizei Ermittlungspersonen der Staatsanwaltschaft sind, bestimmen § 152 Abs. 2 GVG i.V.m. der jeweiligen Landesverordnung (vgl. diese zu weiteren Einzelheiten).

An dieser Stelle soll nur so viel festgehalten werden: Die Ermittlungspersonen der Staatsanwaltschaft sind von den (sonstigen) Beamten des Polizeidienstes zu unterscheiden; ihre Befugnisse gehen weiter als die, die den Polizeibeamten im allgemeinen eingeräumt sind. Zudem kann sich die Staatsanwaltschaft direkt und unmittelbar an ihre Ermittlungspersonen mit einem „Auftrag" wenden (vgl. dazu § 152 Abs. 1 GVG und die Ausführungen in diesem Kapitel unter Punkt 4. „Das Verhältnis von Polizei und Staatsanwaltschaft").

- **Gefahr im Verzug**

  Gefahr im Verzug liegt vor, wenn die richterliche oder gerichtliche Anordnung nicht eingeholt werden kann, ohne dass der Erfolg der Maßnahme gefährdet wird.

  In diesem Zusammenhang sind insbesondere die Leitsätze des Urteils des Bundesverfassungsgerichtes vom 20. Februar 2001 zum Begriff „Gefahr im Verzug" zu beachten:

  - Der Begriff „Gefahr im Verzug" in Art. 13 Abs. 2 GG ist eng auszulegen; die richterliche Anordnung einer Durchsuchung ist die Regel, die nichtrichterliche die Ausnahme.

  - „Gefahr im Verzug" muss mit Tatsachen begründet werden, die auf den Einzelfall bezogen sind. Reine Spekulationen, hypothetische Erwägungen oder lediglich auf kriminalistische Alltagserfahrung gestützte, fallunabhängige Vermutungen reichen nicht aus.

  - Gerichte und Strafverfolgungsbehörden haben im Rahmen des Möglichen tatsächliche und rechtliche Vorkehrungen zu treffen, damit die in der Verfassung vorgesehene Regelzuständigkeit des Richters auch in der Masse der Alltagsfälle gewahrt bleibt.

  - Auslegung und Anwendung des Begriffes „Gefahr im Verzug" unterliegen einer unbeschränkten gerichtlichen Kontrolle. Die Gerichte sind allerdings gehalten, der besonderen Entscheidungssituation der nichtrichterlichen Organe mit ihren situationsbedingten Grenzen von Erkenntnismöglichkeiten Rechnung zu tragen.

  - Eine wirksame gerichtliche Nachprüfung der Annahme von „Gefahr im Verzug" setzt voraus, dass sowohl das Ergebnis als auch die Grundlagen der Entscheidung in unmittelbarem zeitlichen Zusammenhang mit der Durchsuchungsmaßnahme in den Ermittlungsakten dargelegt werden.

- **Legalitätsprinzip**

  Das Legalitätsprinzip bedeutet Strafverfolgungszwang; d.h., dass für die Strafverfolgungsbehörden bei Verdacht einer Straftat die gesetzliche Verpflichtung besteht, strafverfolgend tätig zu werden. Das Legalitätsprinzip ergibt sich für die Staatsanwaltschaft aus § 152 Abs. 2 StPO (in diesem Zusammenhang bedeutet es zudem auch Anklagezwang, sofern die Voraussetzungen hierzu gegeben sind) und für die Behörden und Beamten des Polizeidienstes aus § 163 Abs. 1 S. 1 StPO (vgl. dazu auch die nachfolgenden Ausführungen in diesem Kapitel unter Punkt 4. „Das Verhältnis von Polizei und Staatsanwaltschaft").

- **Recht des ersten Zugriffs**

  Das Recht des ersten Zugriffs (§ 163 StPO; vgl. dazu auch die nachfolgenden Ausführungen in diesem Kapitel unter Punkt 4. „Das Verhältnis von Polizei und Staatsanwaltschaft") obliegt der Polizei in ihrer Strafverfolgungstätigkeit. Da die ersten Anhaltspunkte für die Verfolgung von Straftaten überwiegend im polizeilichen Bereich zutage treten, werden die meisten Ermittlungsverfahren von der Polizei eingeleitet. Die Polizei hat ihre Verhandlungen nach den Ermittlungen, die keinen Aufschub gestatten, unverzüglich der Staatsanwaltschaft vorzulegen (§ 163 Abs. 2 S. 1, Ausnahme in S. 2), damit diese die ihr vom Gesetz zugewiesene Leitung des Ermittlungsverfahrens übernehmen kann („Herrin des Ermittlungsverfahrens", §§ 152 Abs. 1, 2, 160 StPO; vgl. dazu auch unten die Ausführungen zu „Verfahrensabschnitte im Strafprozess").

- **Verdachtsarten**
  1. Einfacher Tatverdacht

     Zureichende (= konkrete) tatsächliche Anhaltspunkte für das Vorliegen einer verfolgbaren Straftat (vgl. § 152 Abs. 2 StPO).

     Hier genügt eine ganz geringe Wahrscheinlichkeit; gleichwohl reichen bloße Vermutungen und Möglichkeiten, die nicht durch konkrete Hinweise gestützt sind, nicht aus.

  2. Hinreichender Tatverdacht

     (Geringe) Wahrscheinlichkeit dafür, dass der Beschuldigte als Täter oder Teilnehmer einer Straftat in Betracht kommt (die Verurteilung des Beschuldigten muss hier wahrscheinlicher sein als dessen Freispruch).

     Der hinreichende Tatverdacht ist für die Anklage (§ 170 StPO) und für die Eröffnung des Hauptverfahrens (§ 203 StPO) erforderlich.

3.   Dringender Tatverdacht

Hohe Wahrscheinlichkeit dafür, dass der Beschuldigte als Täter oder Teilnehmer einer Straftat in Betracht kommt.

Der dringende Tatverdacht ist z.B. für den Erlass eines Haftbefehls erforderlich.

- **Verdeckte Ermittler**

    Verdeckte Ermittler sind nach der Legaldefinition des § 110 a Abs. 2 S. 1 StPO Beamte des Polizeidienstes, die unter einer ihnen verliehenen, auf Dauer angelegten, veränderten Identität (Legende) ermitteln.

    Für alle **anderen Personen**, die mit der Polizei – mehr oder weniger offen – zusammenarbeiten, gilt:

    - Sie sind sogenannte **Informanten**, wenn sie im Einzelfall bereit sind, gegen Zusicherung der Vertraulichkeit der Strafverfolgungsbehörde Informationen zu geben.

    - **V-Männer / V-Personen** gehören keiner Strafverfolgungsbehörde an, sind aber bereit, diese bei der Aufklärung von Straftaten auf längere Zeit vertraulich zu unterstützen. Ihre Identität wird grundsätzlich geheim gehalten. Der V-Mann unterliegt den allgemeinen Bestimmungen der §§ 161, 163 StPO; die Beschränkungen der §§ 110 a und 110 b StPO gelten für ihn nicht, auch nicht analog.

    - Zu unterscheiden ist der Verdeckte Ermittler auch vom sogenannten **noeP** (nichtöffentlich ermittelnder Polizeibeamter): Das sind Polizeibeamte, die nicht auf Dauer, sondern nur gelegentlich unter einer anderen Identität ermitteln - etwa als Scheinaufkäufer - und die auf Anordnung der Ermittlungsbehörde aktiv werden. Für sie ist § 110 a StPO ebenfalls nicht anwendbar, sondern auch die §§ 161, 163 StPO.

- **Verfahrensabschnitte im Strafprozess**

    In folgenden Stufen läuft der Strafprozess ab:

    1.   Ermittlungs- oder Vorverfahren (§§ 158 ff. StPO)

    Dieses Verfahren wird ausschließlich von der Staatsanwaltschaft geleitet („Herrin des Ermittlungsverfahrens"). Es besteht in Ermittlungen, die entweder die Staatsanwaltschaft selbst betreibt oder – was die Regel ist – durch die Polizei betreiben lässt (§§ 160, 161, 163 StPO; siehe dazu auch die Erläuterungen oben zu dem Aspekt „Erster Zugriff der Polizei" bzw. die nachfolgenden Ausführungen in diesem Kapitel unter Punkt 4. „Das Verhältnis von Polizei und Staatsanwaltschaft"). Es endet mit der Erhebung der Klage oder der Einstellung des Verfahrens.

2. Zwischenverfahren (Eröffnungsverfahren, §§ 199 ff. StPO)

Hier entscheidet das für die Hauptverhandlung zuständige Gericht darüber, ob die vom Staatsanwalt (§ 207 StPO) oder Privatkläger (§ 383 Abs. 1 StPO) beantragte Klage zugelassen wird.

3. Hauptverfahren (§§ 213 ff. StPO) einschließlich des Rechtsmittelverfahrens bis zur Rechtskraft der gerichtlichen Entscheidung.

4. Vollstreckungsverfahren (§§ 449 ff. StPO)

Dies ist die Einleitung und Überwachung der Durchsetzung des rechtskräftigen Urteils. Vollstreckungsbehörde ist die Staatsanwaltschaft (§ 451 StPO), bei Jugendstrafsachen der Jugendrichter.

- **Verhältnismäßigkeit**

Der Grundsatz der Verhältnismäßigkeit verlangt, dass eine Maßnahme unter Würdigung aller persönlichen und tatsächlichen Umstände des Einzelfalles zur Erreichung des angestrebten Zwecks *geeignet* und *erforderlich* ist und dass der mit ihr verbundene Eingriff nicht außer Verhältnis zur Bedeutung der Sache und zur Stärke des bestehenden Tatverdachtes steht (*Angemessenheit* oder *Verhältnismäßigkeit im engeren Sinne*).

Im Einzelnen:

Die Maßnahme ist *geeignet*, wenn mit ihrer Hilfe im konkreten Fall der strafprozessuale Zweck gefördert werden kann.

Erforderlich ist eine Maßnahme, wenn kein anderes, gleich wirksames, aber die Grundrechte des Betroffenen nicht oder weniger fühlbar einschränkendes Mittel zur Verfügung steht.

Die *Angemessenheit* oder *Verhältnismäßigkeit im engeren Sinne* ist gewahrt, wenn die Gesamtabwägung ergibt, dass der Eingriff, d.h. die Beeinträchtigung wegen der Schwere des Tatvorwurfes und der Stärke des bestehenden Verdachtes zumutbar ist; d.h., Maßnahmen können wegen der Geringfügigkeit des Tatvorwurfes unverhältnismäßig sein.

- **Zeugnisverweigerungsrechte, §§ 52 ff. StPO**

  Sie gewähren einem Zeugen die Befugnis, wegen der persönlichen oder beruflichen Beziehung zum Beschuldigten die Aussage („das Zeugnis") zu verweigern.

  § 52 StPO regelt insoweit die persönlichen Beziehungen und nimmt Rücksicht auf die daraus resultierende Zwangslage eines Zeugen. Gemäß § 52 Abs. 3 S. 1 StPO sind die Zeugen über ihr Zeugnisverweigerungsrecht nach § 52 StPO vor jeder Vernehmung zu belehren (vgl. dazu auch die nachfolgenden Ausführungen in diesem Kapitel unter Punkt 5.2 „Belehrungspflichten bei der polizeilichen Vernehmung eines Zeugen oder Sachverständigen").

  Die in §§ 53, 53 a StPO genannten Berufsgeheimnisträger und ihre Berufshelfer dürfen das Zeugnis über das verweigern, was ihnen in dieser Eigenschaft anvertraut oder bekannt geworden ist. Eine Belehrungspflicht besteht insoweit nicht: Es wird grundsätzlich davon ausgegangen, dass der Zeuge seine Berufspflichten und -rechte kennt.

  Von dem Zeugnisverweigerungsrecht ist das Auskunftsverweigerungsrecht zu unterscheiden: Dies ist das Recht eines Aussagepflichtigen, die Auskunft zu einzelnen Tatsachen zu verweigern, wenn das ihn oder einen seiner Angehörigen in die Gefahr bringen würde, selbst strafrechtlich oder wegen einer Ordnungswidrigkeit verfolgt zu werden (§ 55 StPO, vgl. dazu die Ausführungen oben zum „Auskunftsverweigerungsrecht").

- **Zwang**

  Zwang darf nur angewandt werden, soweit das Strafverfahrensrecht dies zulässt. Die Zulässigkeit ergibt sich oftmals aus dem Sinn und Zweck der durchzusetzenden Anordnung, z.B. bei der Verhaftung, Durchsuchung, körperlichen Untersuchung. Über die Art und Weise der Anwendung unmittelbaren Zwangs enthält die Strafprozessordnung - mit Ausnahme von § 119 Abs. 5 StPO - keine Regelung; hier gelten die polizeirechtlichen Regelungen.

Zur Anwendung unmittelbaren Zwangs durch Polizeibeamte auf Anordnung der Staatsanwaltschaft vgl. RiStBV (Richtlinien für das Strafverfahren und das Bußgeldverfahren) Anlage A.

3. Die sachliche Zuständigkeit und Besetzung der Gerichte in erster Instanz

Durch die sachliche Zuständigkeit der Gerichte wird festgelegt, auf welcher Stufe die Sache in erster Instanz beginnt: Bei einem Amtsgericht, Landgericht oder Oberlandesgericht.

1. Das Amtsgericht

Die Strafgewalt eines **Amtsgerichtes** ist grundsätzlich auf vier Jahre Freiheitsstrafe begrenzt (§ 24 Abs. 2 GVG). Sofern eine höhere Freiheitsstrafe zu erwarten ist, gehören diese also vor das Landgericht (§ 24 Abs. 1 Nr. 2 GVG).

Innerhalb des Amtsgerichtes kann einmal der Strafrichter oder das Schöffengericht zuständig sein: Die Zuständigkeit des **Strafrichters** (= ein Berufsrichter) liegt immer dann vor, wenn es um Vergehen geht, die entweder im Wege der Privatklage verfolgt werden oder aber bei denen mit einer höheren Strafe als Freiheitsstrafe von zwei Jahren nicht gerechnet werden kann (§ 25 GVG). Gleichwohl hat aber auch der einzelne Strafrichter die Rechtsfolgenkompetenz des Amtsgerichtes und darf mithin bis zu vier Jahren Freiheitsstrafe verhängen (BGH, NStZ 1985, S. 470).

Das **Schöffengericht** (= ein Berufsrichter und zwei Laien als ehrenamtlichen Richtern (Schöffen), § 29 Abs. 1 GVG; in umfangreichen Sachen kann auf Antrag der Staatsanwaltschaft ein weiterer Berufsrichter mitwirken (= erweitertes Schöffengericht), § 29 Abs. 2 GVG) hat über Fälle der mittleren Kriminalität zu entscheiden. Seine Zuständigkeit ist innerhalb des § 28 GVG negativ umschrieben.

2. Das Landgericht

Das **Landgericht** ist in der Form einer **großen Strafkammer** (= drei Berufsrichter und zwei Schöffen, § 76 Abs. 1 S. 1 GVG) zuständig für die in § 74 Abs. 2 GVG genannten Verbrechen (hier wird zwar von einem **Schwurgericht** gesprochen, die Zusammensetzung ist aber dieselbe wie bei einer großen Strafkammer), ferner für solche Verbrechen und Vergehen, bei denen eine höhere Strafe als vier Jahre Freiheitsstrafe zu erwarten ist (§ 74 Abs. 1 S. 2, 1. Alt. GVG) oder die Staatsanwaltschaft wegen der besonderen Bedeutung des Falles Anklage bei einem Landgericht erhoben hat (§ 74 Abs. 1 S. 2, 2. Alt. GVG).

Daneben hat die **Wirtschaftsstrafkammer** (§ 74 c Abs. 1 GVG) ebenso eine genau definierte Zuständigkeit wie die **Staatsschutzkammer** (§ 74 a Abs. 1 GVG); ferner kann eine **Jugendschutzkammer** gebildet werden (§ 74 b GVG).

Kompetenzkonflikte zwischen den einzelnen Strafkammern vermeidet das Gesetz durch eine **Regelung des Vorranges** (§ 74 e GVG). Die Jugendschutzkammer wird hierbei nicht erwähnt, da den Jugendgerichten stets Vorrang einzuräumen ist (§§ 102, 103 Abs. 2 S. 1, 112 JGG); die allgemeine Strafkammer ist nicht aufgelistet, weil sie nie den Vorrang hat.

3. Das Oberlandesgericht

Am **Oberlandesgericht** entscheiden **Senate**, die mit drei bzw. mit fünf Berufsrichtern besetzt sind (§ 122 Abs. 2 GVG). Sie sind zuständig für die in § 120 Abs. 1 GVG aufgelisteten Staatsschutzdelikte, ferner für alle in § 74 a Abs. 1 GVG aufgezählten und bestimmten Mordtaten (§ 120 Abs. 2 GVG), wenn der Generalbundesanwalt wegen der besonderen Bedeutung des Falles die Verfolgung übernimmt.

4. Das Verhältnis von Polizei und Staatsanwaltschaft

Die Staatsanwaltschaft ist gemäß § 152 Abs. 2 StPO „...verpflichtet, wegen aller verfolgbaren Straftaten einzuschreiten, sofern zureichende tatsächliche Anhaltspunkte vorliegen" („Legalitätsprinzip"; vgl. zu diesem Begriff auch die Ausführungen in diesem Kapitel unter Punkt 2. „Strafprozessuale Grundbegriffe"). Im Rahmen eines Ermittlungsverfahrens hat sie den Sachverhalt daraufhin zu erforschen, ob öffentliche Klage erhoben werden muss. Zu diesem Zweck hat sie sowohl belastende als auch entlastende Umstände zu ermitteln und zu berücksichtigen (§ 160 Abs. 1, 2 StPO).

Die Staatsanwaltschaft kann diese Ermittlungen selbst vornehmen oder durch die Behörden und Beamten des Polizeidienstes vornehmen lassen (§ 161 Abs. 1 S. 1 StPO). Ersteres tut sie insbesondere im Bereich von Wirtschaftstraftaten, aber auch bei Kapitaldelikten (z.B. Mord). In den meisten Fällen greift sie jedoch auf die Ermittlungsarbeit der Polizei zurück.

Die Polizei ist gemäß § 161 Abs. 1 S. 2 StPO verpflichtet, nach den Vorgaben der Staatsanwaltschaft tätig zu werden. Die Staatsanwaltschaft kann sich hierfür entweder mit einem „Ersuchen" an den Leiter der Polizeibehörde wenden, der dann wiederum nach eigenem Ermessen bestimmt, welcher Polizeibeamte die Ermittlungstätigkeit vornimmt. Da die meisten Polizeibeamten aber zugleich „Ermittlungspersonen der Staatsanwaltschaft" (vgl. zu diesem Begriff die Ausführungen in diesem Kapitel unter Punkt 2. „Strafprozessuale Grundbegriffe") sind, kann sich die Staatsanwaltschaft auch direkt und unmittelbar an diese mit einem „Auftrag" wenden (vgl. § 152 Abs. 1 GVG). Von diesem Recht wird sie insbesondere Gebrauch machen, wenn eine Sache besonders dringlich ist.

Die Polizei muss aber nicht warten, bis sie von der Staatsanwaltschaft eingeschaltet wird, sondern sie hat das „Recht des ersten Zugriffs": D.h. sie hat das Recht - bzw. nach dem Legalitätsprinzip, insbesondere bei Verdacht eines Offizialdeliktes, auch die Pflicht -, von sich aus Initiativen zu ergreifen und Straftaten zu erforschen (§ 163

Abs. 1 S. 1 StPO, zur insoweit neu eingeräumten Befugnis vgl. § 163 Abs. 1 S. 2 StPO; vgl. zu den Begriffen „Legalitätsprinzip" und „Recht des ersten Zugriffs" auch die Ausführungen in diesem Kapitel unter Punkt 2. „Strafprozessuale Grundbegriffe"). Hintergrund dieser Regelung ist die Erkenntnis der Praxis, dass die ersten Anhaltspunkte für das Vorliegen von Straftaten überwiegend im polizeilichen Bereich auftreten und daher ein sofortiges Einschreiten der Polizeibeamten erforderlich wird.

Die Polizei ist dabei in der Gestaltung des Ermittlungsverfahrens frei, d.h. sie kann sowohl die Maßnahmen selbst auswählen als auch deren Reihenfolge bestimmen. Für alle Maßnahmen, die dabei einen Eingriff in Rechte Einzelner darstellen, bedarf es einer eigenen Ermächtigungsgrundlage.

Trotz des „Rechts des ersten Zugriffs" bleibt die Staatsanwaltschaft „Herrin des Ermittlungsverfahrens", der die Polizei mit ihrer Ermittlungstätigkeit zuarbeitet. Jede Ermittlungssache muss deshalb auch grundsätzlich ohne Verzug der Staatsanwaltschaft vorgelegt werden (§ 163 Abs. 2 S. 1 StPO, Ausnahme in S. 2). Von allen schwierigen, Aufsehen erregenden Fällen (z.B. Mord) ist sie zudem von vornherein durch die Polizei in Kenntnis zu setzen, damit sie auf die Gestaltung der einzelnen Ermittlungstätigkeiten Einfluss nehmen und gegebenenfalls die erforderlichen Weisungen erteilen kann.

Insgesamt dienen also auch die Ermittlungen der Polizei der Vorbereitung der staatsanwaltschaftlichen Entscheidung, mit der das Ermittlungsverfahren abzuschließen ist.

5.1 Belehrungspflichten bei der polizeilichen Vernehmung eines Beschuldigten

Die Polizei hat die Aufgabe, Straftaten zu erforschen und alle notwendigen Maßnahmen zur Tataufklärung zu treffen (§ 163 StPO); hierzu ist die Vernehmung von Personen erforderlich. Eine Vernehmung liegt vor, wenn der Vernehmende der jeweiligen Auskunftsperson in amtlicher Funktion gegenübertritt und in dieser Eigenschaft von ihr Auskunft verlangt.

Gegebenenfalls ist gemäß § 163 a Abs. 5 mit dem Hinweis auf § 187 Abs. 1 bis 3 und § 189 Abs. 4 GVG ein Dolmetscher oder Übersetzer heranzuziehen.

Die **Rechtsgrundlage** für die polizeiliche Vernehmung eines Beschuldigten ergibt sich aus § 163 a Abs. 4 StPO. Danach sind folgende Belehrungen und Hinweise zu beachten:

1. **§ 163 a Abs. 4 S. 1 StPO**
   Eröffnung der zur Last gelegten Tat.
   Tatvorwurf und der zugrundeliegende Sachverhalt müssen dem Beschuldigten soweit zur Kenntnis gegeben werden, dass er sich verteidigen kann. Bei der polizeilichen Vernehmung muss dem Beschuldigten jedoch nicht eröffnet werden, welche Strafvorschriften in Betracht kommen. § 136 Abs. 1 StPO, der eine solche Belehrung vorschreibt, gilt nur für die richterliche Vernehmung und über § 163 a Abs. 3 S. 2 StPO für die staatsanwaltschaftliche Beschuldigtenvernehmung. Gleichwohl *können* auch bei einer polizeilichen Vernehmung die in Betracht kommenden Strafvorschriften aufgezählt werden.

2. **§ 163 a Abs. 4 S. 2 i.V.m. § 136 Abs. 1 S. 2 StPO**
   Hinweis auf das Aussageverweigerungsrecht.
   Hierdurch soll gewährleistet sein, dass niemand verpflichtet ist, gegen sich selbst auszusagen. Dem Beschuldigten stehen mithin zwei Verteidigungsarten zur Auswahl: Er kann sich zur Sache einlassen oder keine Angaben machen. Das Recht, keine Angaben zu machen, bezieht sich jedoch nicht auf die Personalien im Rahmen des § 111 OWiG.

3. **§ 163 a Abs. 4 S. 2 i.V.m. § 136 Abs. 1 S. 3 StPO**

Hinweis auf das Recht, jederzeit einen Verteidiger zu befragen.

Gemäß § 137 Abs. 1 StPO hat der Beschuldigte das Recht, sich in jeder Lage des Verfahrens eines Verteidigers als Beistand zu bedienen.

Erklärt der Beschuldigte, dass er erst mit seinem Verteidiger sprechen möchte, so muss die beabsichtigte Vernehmung aufgeschoben und die weitere Entscheidung des Beschuldigten, ob er sich zur Sache einlassen will, abgewartet werden. Dem Beschuldigten ist Gelegenheit zu geben, sich telefonisch mit dem Verteidiger in Verbindung zu setzen.

Der Bitte des Beschuldigten, ihm den Namen eines geeigneten Verteidigers zu nennen, darf nicht entsprochen werden; es darf ihm „lediglich" auf Wunsch eine Liste der örtlich zugelassenen Rechtsanwälte zur Verfügung gestellt werden. Auf bestehende anwaltliche Notdienste ist dabei hinzuweisen (**§ 136 Abs. 1 S.4 StPO**).

4. **§ 163 a Abs. 4 S. 2 i.V.m. § 136 Abs. 1 S. 5 StPO**

Belehrung über das Recht, die Erhebung von Entlastungsbeweisen zu beantragen und unter den Voraussetzungen des § 140 Abs. 1 und 2 StPO die Bestellung eines Verteidigers nach Maßgabe des § 141 Abs. 1 und des § 142 Abs. 1 StPO zu beanspruchen.

Die Belehrung ist auch erforderlich, wenn der Beschuldigte erklärt, er wolle sich nicht zur Sache einlassen; denn Beweisanträge kann er trotzdem stellen.

5. **§ 163 a Abs. 4 S. 2 i.V.m. § 136 Abs. 1 S. 6 StPO**

Hinweis auf die Möglichkeit, sich in geeigneten Fällen schriftlich zu äußern sowie auf die Möglichkeit eines Täter-Opfer-Ausgleichs.

Im erstgenannten Fall handelt es sich um den Hinweis auf ein Recht des Beschuldigten, der von Amts wegen nur zu geben ist, wenn er nach Art des Falles und der Persönlichkeit des Beschuldigten sinnvoll ist. Dies kann auch in schwierigen Verfahren der Fall sein; so z.B. dann, wenn der Beschuldigte schriftlich gewandt ist und eine umfangreiche Einlassung beabsichtigt.

Auf die Möglichkeit eines TOA ist der Beschuldigte auch nur dann hinzuweisen, wenn er in Betracht kommt. Dies kann u.a. dann der Fall sein, wenn der Beschuldigte geständig ist oder anzunehmen ist, dass der Geschädigte dem TOA zustimmen wird.

Beachte:

Die erstgenannte Regelung ist nicht mit § 163 a Abs. 1 S. 2 StPO zu verwechseln, wonach es in einfachen Sachen genügt, dem Beschuldigten Gelegenheit zu einer schriftlichen Äußerung zu geben. D.h. die Strafverfolgungsbehörden können in einfachen Sachen wählen, ob sie dem Beschuldigten rechtliches Gehör durch Ladung zu einer Vernehmung oder dadurch gewähren, dass sie ihm Gelegenheit zu einer schriftlichen Äußerung einräumen.

6. **§ 163 a Abs. 4 S. 2 i.V.m. § 136 Abs. 3 StPO**

Die Vernehmung des Beschuldigten ist zugleich auf die Ermittlung seiner persönlichen Verhältnisse auszurichten.

Dazu gehören Vorleben, Werdegang, berufliche Ausbildung und Tätigkeit, familiäre und wirtschaftliche Verhältnisse und sonstige Umstände (wie z.B. Vorstrafen), die für die Beurteilung der Tat und für die Rechtsfolgenfrage von Bedeutung sein können.

7. **§ 163 a Abs. 4 S. 2 i.V.m. § 136 a StPO**

Verbotene Vernehmungsmittel und -methoden.

Die Vorschrift gilt unmittelbar nur für richterliche Vernehmungen des Beschuldigten, ist aber über § 163 a Abs. 3 S. 2 StPO auch bei staatsanwaltschaftlichen und über § 163 a Abs. 4 S. 2 StPO ebenfalls bei polizeilichen Vernehmungen des Beschuldigten anzuwenden.

Die Vorschrift ist Ausdruck des allgemeinen Grundsatzes, dass die Wahrheit im Strafverfahren nicht um jeden Preis erforscht werden darf (BVerfG, NJW 1984, S. 428).

Die im Gesetz genannte Aufzählung ist nicht abschließend, sondern enthält nur Beispiele unzulässiger Beeinträchtigungen.

Die **Protokollierung einer polizeilichen Vernehmung** ist gesetzlich nicht ausdrücklich vorgeschrieben, jedoch soll insoweit § 168 b StPO analog angewendet werden: Danach soll die polizeiliche Vernehmung eines Beschuldigten grundsätzlich protokolliert werden, sofern dadurch die Ermittlungen nicht erheblich verzögert werden.

Gemäß § 168 b Abs. 3 StPO ist die Belehrung des Beschuldigten vor seiner Vernehmung zu dokumentieren.

Die Vernehmung eines Beschuldigten darf gemäß § 168 a Abs. 2 bis 4 StPO auch auf Tonband aufgenommen werden.

§ 136 Abs. 4 S. 1 StPO regelt die Möglichkeit einer **audiovisuellen Aufzeichnung von Beschuldigtenvernehmungen.** Eine solche ist nach Satz 2 verpflichtend, wenn der Verdacht eines vorsätzlichen Tötungsdeliktes besteht (Nr. 1) oder Umstände vorliegen, die eine besondere Schutzbedürftigkeit des Beschuldigten begründen (Nr. 2). Gemäß § 136 Abs. 5 StPO gilt **§ 58 b StPO** entsprechend.

Beachte:

Nicht jedes Gespräch, das mit einem Verdächtigen geführt wird, ist gleich eine Vernehmung.

So ist in vielen Situationen für die am Tatort eintreffende Polizei nicht ersichtlich, wer als Beschuldigter oder als Zeuge einer Straftat in Betracht kommen könnte. Um sich hiervon ein „grobes Bild" zu verschaffen, ist ein „Herumfragen", eine formlose, **informatorische Befragung** erlaubt. In dieser, dem Ermittlungsverfahren vorgelagerten Phase ist es nicht möglich, Belehrungen auszusprechen, da die Adressaten noch nicht bekannt sind.

Gleichwohl gibt es nach herrschender Meinung keine Auskunftsperson, die nicht entweder als Beschuldigter oder als Zeuge anzusehen ist. Aus diesem Grund gilt die informatorische Befragung – wenn auch nur im weiteren Sinne – als Vernehmung und die Auskunftsperson ist Zeuge (gegebenenfalls mit Zeugnis- oder Auskunftsverweigerungsrechten, über die jedoch grundsätzlich nicht belehrt werden muss). Die Angaben der Auskunftsperson sind in vollem Umfang verwertbar.

Der Vernehmungszeitpunkt, der eine Belehrung auslöst, ist erst dann erreicht, wenn sich der Verdacht einer bestimmten Straftat auf eine bestimmte Person konkretisiert und der ermittelnde Beamte von ihr eine Äußerung zu ihrer Tatbeteiligung erreichen will.

Darüber hinausgehend gibt es sogenannte **Spontanäußerungen**, ohne dass zuvor seitens der Polizeibeamten eine Belehrung oder eine Fragestellung stattgefunden hat. Diese Spontanäußerungen finden außerhalb einer Vernehmung statt, sind jedoch gleichwohl uneingeschränkt verwertbar.

5.2 Belehrungspflichten bei der polizeilichen Vernehmung eines Zeugen oder Sachverständigen

Der **Zeuge** soll über Tatsachen aus der Vergangenheit berichten, wobei er einzeln und in Abwesenheit der später zu hörenden Zeugen zu vernehmen ist (§ 58 Abs. 1 StPO). Die Zeugenpflicht (§§ 48 ff. StPO) trifft dabei alle Deutschen sowie Staatenlose und Ausländer im Inland; Exterritoriale sind von der Zeugenpflicht befreit (§§ 18, 19 GVG).

Ein Kind hat die Fähigkeit, Zeuge zu sein, wenn es in der Lage ist, richtige Wahrnehmungen zu machen und diese in verständlicher Weise wiederzugeben. Eine feste Altersgrenze gibt es dafür nicht; bei altersgemäß entwickelten Kindern soll die Grenze jedoch etwa bei viereinhalb Jahren liegen.

Beachte:

Ist der Zeuge zugleich der Verletzte, haben die Ermittlungsbehörden gemäß § 48 Abs. 1 StPO alle den Zeugen betreffenden Maßnahmen unter Berücksichtigung seiner besonderen Schutzbedürftigkeit durchzuführen und dabei insbesondere zu prüfen, ob die in S. 2 Nr. 1 bis 3 bezeichneten Vorschriften Anwendung finden.

Darüber hinausgehend ist der Zeuge, der zugleich Verletzter ist (aber nicht Nebenklageberechtigter, denn dessen Rechte ergeben sich aus den §§ 397 ff. StPO), bei seiner polizeilichen Vernehmung möglichst frühzeitig über seine Befugnisse im Strafverfahren zu unterrichten (vgl. § 406 i StPO; für die Unterrichtung der Befugnisse außerhalb des Strafverfahrens gilt § 406 j StPO).

Der **Sachverständige** (§§ 72 ff. StPO) soll aus Tatsachen aufgrund seiner besonderen Sachkunde Schlüsse ziehen, die dem Gericht die richterliche Auswertung ermöglichen.

Die **Rechtsgrundlage** für die polizeiliche Vernehmung eines Zeugen oder Sachverständigen ergibt sich aus **§ 163 Abs. 3 S. 2 StPO**. Danach sind insbesondere folgende Belehrungen und Hinweise zu beachten:

1. **§ 163 Abs. 3 S. 1 i.V.m. § 52 Abs. 3 StPO**
    Belehrung über das Zeugnisverweigerungsrecht.
    Die in § 52 Abs. 1 StPO bezeichneten Personen sind vor jeder Vernehmung über ihr Recht zur Verweigerung des Zeugnisses zu belehren (zum Begriff „Zeugnisverweigerungsrecht" vgl. auch die Ausführungen in diesem Kapitel unter Punkt 2. „Strafprozessuale Grundbegriffe").
    Das sich aus §§ 53, 53 a StPO ergebende Zeugnisverweigerungsrecht aus beruflichen Gründen muss der Zeuge selbst geltend machen.

2. **§ 163 Abs. 3 S. 1 i.V.m. § 55 Abs. 2 StPO**
    Belehrung über das Auskunftsverweigerungsrecht.
    Der Zeuge ist auch darüber zu belehren, dass er die Auskunft auf jene Fragen verweigern darf, durch deren Beantwortung er sich oder einen in § 52 Abs. 1 StPO bezeichneten Angehörigen der Gefahr der Verfolgung wegen einer Straftat oder Ordnungswidrigkeit aussetzen würde (zum Begriff „Auskunftsverweigerungsrecht" vgl. auch die Ausführungen in diesem Kapitel unter Punkt 2. „Strafprozessuale Grundbegriffe").

3. **§ 163 Abs. 3 S. 1 i.V.m. § 57 S. 1 StPO**
    Belehrung über die Wahrheitspflicht.
    Der Zeuge muss vor der Vernehmung zur Wahrheit ermahnt und über die strafrechtlichen Folgen einer unrichtigen oder unvollständigen Aussage belehrt werden. Sodann wird der Zeuge nach seinen Personalien (vgl. **§ 68 StPO**) und zur Sache selbst befragt (vgl. **§ 69 StPO**). Die Einschränkungen des **§ 68 a StPO** sind dabei zu beachten. Zeugen, die durch die Straftat verletzt sind, ist insbesondere Gelegenheit zu geben, sich zu den Auswirkungen, die die Tat auf sie hatte, zu äußern (vgl. § 69 Abs. 2 S. 2 StPO).
    Die Vernehmung kann gemäß **§ 58 a Abs. 1 S. 1 StPO** auf Bild-Ton-Träger aufgenommen werden.

4.   **§ 163 Abs. 3 S. 1 i.V.m. § 69 Abs. 3 und § 136 a StPO**
       Verbotene Vernehmungsmittel und -methoden.

       Die Vorschrift gilt unmittelbar nur für richterliche Vernehmungen eines Zeugen oder Sachverständigen, ist aber über § 163 Abs. 3 S. 1 i.V.m. § 69 Abs. 3 StPO auch bei polizeilichen Vernehmungen des Zeugen anzuwenden.

       Die Aufzählung in § 136 a StPO ist nicht abschließend, sondern enthält nur Beispiele unzulässiger Beeinträchtigungen.

5.   **§ 163 Abs. 3 S. 5 i.V.m. § 81 c Abs. 3 S. 1 und 2 und § 52 Abs. 3 StPO**
       Belehrung über das Untersuchungsverweigerungsrecht.

       Die Bestimmung des § 81 c Abs. 3 S. 1 StPO bezieht sich auf Personen, die ein Zeugnis- und damit auch ein Untersuchungsverweigerungsrecht haben. Diese Personen sind gemäß **§ 52 Abs. 3 StPO** hierüber zu belehren, auch wenn sie schon auf ihr Zeugnisverweigerungsrecht hingewiesen worden sind.

       § 81 c Abs. 3 S. 2 StPO betrifft Personen, die nicht über die notwendige geistige Reife verfügen, um die Bedeutung des Weigerungsrechtes zu kennen (vgl. dazu § 52 Abs. 2 StPO). Hier muss dem gesetzlichen Vertreter die Entscheidung über die Ausübung des Zeugnisverweigerungsrechtes überlassen werden (vgl. BGHSt 19, 85).

Beachte für polizeiliche, staatsanwaltschaftliche und richterliche Vernehmungen:

Gemäß **§ 68 b Abs. 1 S. 1 StPO** kann sich der Zeuge eines anwaltlichen Beistandes bedienen.

Einem Zeugen ohne anwaltlichen Beistand kann gemäß **§ 68 b Abs. 2 StPO** mit Zustimmung der Staatsanwaltschaft (vgl. § 163 Abs. 3 S. 2 StPO) von Amts wegen ein solcher für die Dauer der Vernehmung beigeordnet werden, wenn besondere Umstände vorliegen, aus denen sich ergibt, dass der Zeuge seine Befugnisse bei seiner Vernehmung nicht selbst wahrnehmen kann. Dies wird regelmäßig bei kindlichen oder jugendlichen Opferzeugen oder dann der Fall sein, wenn sich der Zeuge einer tatsächlich und rechtlich schwierigen Situation gegenübersieht und dadurch die Gefahr besteht, dass er seine prozessualen Rechte bei der Vernehmung nicht sachgerecht ausüben kann.

---

6. Übersicht über die Pflichten eines Beschuldigten[1]

Beschuldigter ist der Tatverdächtige, gegen den polizeiliche oder staatsanwaltliche Ermittlungen wegen des Verdachts einer strafbaren Handlung geführt werden.

	Vernehmung durch die Polizei	Vernehmung durch die Staatsanwaltschaft	Vernehmung durch den Ermittlungsrichter
Erscheinungspflicht	**Besteht nicht,** systematische Auslegung des § 163 a Abs. 3 i.V.m. Abs. 4 StPO.	**Besteht,** § 163 a Abs. 3 S. 1 StPO. Erscheinen auch erzwingbar, § 163 a Abs. 3 S. 2 i.V.m. §§ 133 – 135 StPO.	**Besteht,** § 133 Abs. 1 StPO. Erscheinen auch erzwingbar, § 133 Abs. 2 StPO.
Aussagepflicht	**Besteht nicht,** § 136 Abs. 1 S. 2 StPO – Niemand muss sich selbst belasten.	**Besteht nicht,** § 136 Abs. 1 S. 2 StPO – Niemand muss sich selbst belasten.	**Besteht nicht,** § 136 Abs. 1 S. 2 StPO – Niemand muss sich selbst belasten.
Wahrheitspflicht	**Besteht nicht,** es sei denn, §§ 164, 145 d, 185 ff. StGB sind erfüllt.	**Besteht nicht,** es sei denn, §§ 164, 145 d, 185 ff. StGB sind erfüllt.	**Besteht nicht,** es sei denn, §§ 164, 145 d, 185 ff. StGB sind erfüllt.
Eidespflicht	**Besteht nicht,** da keine zur Eidesabnahme zuständige Stelle.	**Besteht nicht,** da keine zur Eidesabnahme zuständige Stelle.	**Besteht nicht,** weil schon keine Wahrheitspflicht besteht.

Darüber hinausgehend besteht für den Beschuldigten grundsätzlich eine **Duldungspflicht**, d.h. er muss zwar aktiv nichts tun, er muss aber die Ermittlungen gegen sich dulden. Dazu gehört auch, dass er Eingriffe und Zwangsmaßnahmen hinzunehmen hat.

---

[1]   In Anlehnung an *Alpmann/Schmidt*, Aufbauschemata Strafrecht/Strafprozessrecht, 2019.

7. Übersicht über die Pflichten eines Zeugen[2]

	Vernehmung durch die Polizei	Vernehmung durch die Staatsanwaltschaft	Vernehmung durch den Ermittlungsrichter
Erscheinungs-pflicht	**Besteht,** wenn der Ladung ein Auftrag der StA zugrunde liegt, § 163 Abs. 3 StPO. Erscheinen auch erzwingbar, § 163 Abs. 4 Nr. 4 i.V.m. § 51 StPO.	**Besteht,** § 161 a Abs. 1 StPO. Erscheinen auch erzwingbar, § 161 a Abs. 2 i.V.m. § 51 StPO.	**Besteht,** Erscheinen auch erzwingbar, § 51 StPO.
Aussagepflicht • grundsätzlich	**Besteht,** wenn der Ladung ein Auftrag der StA zugrunde liegt, § 163 Abs. 3 StPO. Aussage auch erzwingbar durch Ordnungsgeld, § 163 Abs. 4 Nr. 4 i.V.m. § 70 StPO.	**Besteht,** Aussage aber nur durch Ordnungsgeld erzwingbar, § 161 a Abs. 2 S. 1, 2 i.V.m. § 70 StPO.	**Besteht,** Aussage durch Ordnungsgeld und -haft erzwingbar, § 70 StPO.
• ausnahmsweise Schweige-recht	**Besteht** bei Zeugnisverweigerungsrecht nach §§ 52 ff. StPO; partiell bei Auskunftsverweigerungsrecht gemäß § 55 StPO (vgl. zu den Begriffen die Ausführungen in diesem Kapitel unter Punkt 2. „Strafprozessuale Grundbegriffe").	**Besteht** bei Zeugnisverweigerungsrecht nach §§ 52 ff. StPO; partiell bei Auskunftsverweigerungsrecht gemäß § 55 StPO (vgl. zu den Begriffen die Ausführungen in diesem Kapitel unter Punkt 2. „Strafprozessuale Grundbegriffe").	**Besteht** bei Zeugnisverweigerungsrecht nach §§ 52 ff. StPO; partiell bei Auskunftsverweigerungsrecht gemäß § 55 StPO (vgl. zu den Begriffen die Ausführungen in diesem Kapitel unter Punkt 2. „Strafprozessuale Grundbegriffe").

---

[2] In Anlehnung an *Alpmann/Schmidt*, Aufbauschemata Strafrecht/Strafprozessrecht, 2019.

Wahrheitspflicht	Besteht, Verstoß kein Aussagedelikt; möglich aber sonstiges Rechtspflegedelikt.	Besteht, Verstoß kein Aussagedelikt; möglich aber sonstiges Rechtspflegedelikt.	Besteht, Verstoß gegen Aussagedelikte und sonstige Rechtspflegedelikte möglich.
Eidespflicht	Besteht nicht, Argument aus § 161 a Abs. 1 S. 3 StPO.	Besteht nicht, Argument aus § 161 a Abs. 1 S. 3 StPO.	Besteht (grundsätzlich), Argument aus § 65 StPO. Ausnahmsweise (-), wenn Recht zur Eidesverweigerung besteht (§§ 63, 52 StPO) oder Eidesverbot vorliegt (§ 60 StPO).

8.1 Übersicht über die Pflichten eines Verteidigers

Gemäß § 137 Abs. 1 S. 1 StPO kann sich der Beschuldigte in jeder Lage des Verfahrens des Beistands eines Verteidigers bedienen.

Der Verteidiger ist von Gericht und Staatsanwaltschaft, aber auch von seinem Mandanten unabhängig – er ist ein selbständiges Organ der Rechtspflege (§ 1 BRAO). Dies bedeutet aber auch, dass er bei seiner Tätigkeit nur rechtlich erlaubte Mittel einsetzen darf und gleichzeitig gewisse Pflichten einhalten muss.

1.   Die Fürsprachepflicht

So hat der Verteidiger die Verpflichtung, die Interessen des Beschuldigten - seines Mandanten - wahrzunehmen und zu vertreten. Er ist dabei nicht zur Objektivität verpflichtet, sondern zur Einseitigkeit. Damit darf der Verteidiger auch nur das vortragen, was für den Mandanten günstig ist. Kann er dieser Verpflichtung - aus welchen Gründen auch immer - nicht nachkommen, sollte er das Mandat niederlegen.

2.   Die Verschwiegenheitspflicht

Die oben aufgeführte Fürsprachepflicht wird durch die Verschwiegenheitspflicht untermauert (vgl. dazu § 203 StGB): D.h. der Verteidiger darf Umstände, die seinen Mandanten belasten, ohne dessen Zustimmung nicht offenbaren.

3.   Die Wahrheitspflicht

Wenn der Verteidiger einerseits nur das vorbringen darf, was für den Mandanten spricht und sein Interesse an Geheimhaltung nicht verletzen darf, so darf er andererseits aber nur das vortragen, was der Wahrheit entspricht: Im Gegensatz zu seinem Mandanten darf der Verteidiger mithin nicht lügen. Um eine Kollision mit den oben genannten Pflichten zu vermeiden, muss der Verteidiger also manchmal die Wahrheit verschweigen, gleichzeitig aber darauf achten, dass alles wahr ist, was er sagt, um insbesondere nicht Gefahr zu laufen, die (teilweise dünne) Grenze zur Strafvereitelung (§ 258 StGB) zu überschreiten (die Ausschließung eines Verteidigers ist in den §§ 138 a – 138 d StPO abschließend geregelt).

8.2 Übersicht über die Anwesenheitsrechte (AR) eines Verteidigers im Ermittlungsverfahren[3]

	Polizeiliche Ermittlungsmaßnahmen	Staatsanwaltschaftliche Ermittlungsmaßnahmen	Richterliche Ermittlungsmaßnahmen
Durchsuchung bei einem Beschuldigten	**AR besteht,** wenn der Beschuldigte als Inhaber des Hausrechtes die Anwesenheit gestattet. Ansonsten besteht kein allgemeines AR.	**AR besteht,** wenn der Beschuldigte als Inhaber des Hausrechtes die Anwesenheit gestattet. Ansonsten besteht kein allgemeines AR.	**AR besteht,** wenn der Beschuldigte als Inhaber des Hausrechtes die Anwesenheit gestattet. Ansonsten besteht kein allgemeines AR.
Durchsuchung bei einem Dritten	**AR besteht,** wenn der Inhaber des Hausrechts die Anwesenheit gestattet. Ansonsten besteht kein allgemeines AR (weder für den Verteidiger noch für den Beschuldigten).	**AR besteht,** wenn der Inhaber des Hausrechts die Anwesenheit gestattet. Ansonsten besteht kein allgemeines AR (weder für den Verteidiger noch für den Beschuldigten).	**AR besteht,** wenn der Inhaber des Hausrechts die Anwesenheit gestattet. Ansonsten besteht kein allgemeines AR (weder für den Verteidiger noch für den Beschuldigten).
Gegenüberstellung	**Besteht nicht,** laut Rspr. kein AR.	**Besteht nicht,** laut Rspr. kein AR.	**Besteht nicht,** laut Rspr. kein AR.
Haftprüfungstermin	**AR besteht**	**AR besteht**	**AR besteht**
Vernehmung des Beschuldigten	**AR besteht (praktisch),** wenn der Beschuldigte seine Aussage davon abhängig macht. Ansonsten besteht kein allgemeines AR.	**AR besteht,** § 163 a Abs. 3 S. 2 i.V.m. § 168 c Abs. 1 StPO	**AR besteht,** § 168 c Abs. 1 StPO

---

[3] In Anlehnung an *Burhoff*, Handbuch für das strafrechtliche Ermittlungsverfahren.

Vernehmung von Sachverständigen	AR besteht, § 68 b Abs. 1 S. 2 StPO (beachte aber auch § 68 b Abs. 1 S. 3 und 4 StPO).	AR besteht, § 68 b Abs. 1 S. 2 StPO (beachte aber auch § 68 b Abs. 1 S. 3 und 4 StPO).	AR besteht, § 168 c Abs. 2 StPO
Vernehmung von Zeugen	AR besteht, § 68 b Abs. 1 S. 2 StPO (beachte aber auch § 68 b Abs. 1 S. 3 und 4 StPO).	AR besteht, § 68 b Abs. 1 S. 2 StPO (beachte aber auch § 68 b Abs. 1 S. 3 und 4 StPO).	AR besteht, § 168 c Abs. 2 StPO
Vernehmung von Zeugen, die zugleich Verletzte sind	AR besteht, § 406 f Abs. 1 S. 2 StPO	AR besteht, § 406 f Abs. 1 S. 2 StPO	AR besteht, § 406 f Abs. 1 S. 2 StPO
Vorführung des Beschuldigten	AR besteht, vgl. auch § 168 c Abs. 5 StPO.	AR besteht, vgl. auch § 168 c Abs. 5 StPO.	AR besteht, vgl. auch § 168 c Abs. 5 StPO.

8.3 Übersicht über die weiteren Rechte eines Verteidigers

1. Anwesenheitsrecht in der Hauptverhandlung

Neben den aufgezeigten Anwesenheitsrechten im Ermittlungsverfahren steht dem Verteidiger des Beschuldigten in der Hauptverhandlung ein uneingeschränktes Anwesenheitsrecht zu. Dies resultiert daraus, dass im Falle der notwendigen Verteidigung (vgl. dazu § 140 StPO) sogar eine Anwesenheitspflicht besteht (vgl. § 145 Abs. 1 S. 1 StPO).

2. Vornahme eigener Ermittlungen

Ferner darf der Verteidiger grundsätzlich eigene Ermittlungen anstellen (vgl. § 364 b Abs. 1 Nr. 1 StPO: „Nachforschungen"); Eingriffsbefugnisse hat er dabei jedoch nicht. Er kann mithin „lediglich" Zeugen befragen oder beispielsweise einen Privatdetektiven beauftragen.

3. Abgabe von Erklärungen

Darüber hinausgehend darf der Verteidiger in seiner Funktion als „Beistand" (vgl. § 137 StPO) jederzeit Erklärungen abgeben. Innerhalb einer Hauptverhandlung hat er die Rechte aus §§ 240, 257, 258 StPO.

4. Recht auf ungehinderten Verkehr mit dem Beschuldigten

Der Verteidiger hat das Recht auf ungehinderten schriftlichen und mündlichen Verkehr (= Kontakt) mit dem Beschuldigten (§ 148 StPO) – sonst könnte Verteidigung auch nicht gewährleistet sein.

Geschützt wird dieses Recht beispielsweise durch die Verbote, Gespräche zwischen dem Beschuldigten und seinem Verteidiger zu überwachen oder auch Verteidigerpost und Verteidigungsunterlagen bei dem Mandanten zu beschlagnahmen (dass sie bei dem Verteidiger nicht beschlagnahmt werden dürfen, folgt schon aus § 97 StPO). Eine Ausnahme besteht nach § 148 Abs. 2 StPO, wenn Gegenstand der Untersuchung eine Straftat nach § 129 a StGB, auch in Verbindung mit § 129 b Abs. 1 StGB, ist.

5.   Recht auf Akteneinsicht

Zu einer sachgerechten Verteidigung gehört zudem das Recht des Verteidigers auf Akteneinsicht (§ 147 StPO). Es besteht grundsätzlich uneingeschränkt und kann nur dann ausnahmsweise versagt werden, wenn der Untersuchungszweck gefährdet werden könnte (§ 147 Abs. 2, 5 StPO).

Kapitel II

Prüfungsaufbauten zum Strafprozessrecht

1. Allgemeingültiger Prüfungsaufbau

Beachte:

- Die handelnden Polizeibeamten müssen immer sachlich, örtlich und instanziell zuständig sein.

- Zudem ist der in Betracht kommende Grundrechtseingriff der jeweiligen Maßnahme zu benennen – es bietet sich an, diesen entweder im Anschluss an den Obersatz oder innerhalb der Verhältnismäßigkeit aufzuführen.

Obersatz:

Hier sind das Ziel der Maßnahme bzw. der durchgeführten Maßnahme und die in Betracht kommende Rechtsgrundlage zu benennen.

„Die von P durchgeführte.........(Maßnahme ist zu benennen) könnte gemäß §........rechtmäßig gewesen sein".

oder

„Die Rechtmäßigkeit der von P durchgeführten........könnte sich aus §........ergeben".

I.   Anordnungsvoraussetzungen:

= An die Situation anknüpfende Voraussetzungen, die die Rechtsgrundlage beschreiben; z.B.:

1.   Einfacher Tatverdacht

2.   Der Betroffene ist Verdächtiger / Nichtverdächtiger / Beschuldigter dieser Straftat

Die von den Polizeibeamten ergriffenen Maßnahmen müssen dabei immer durch die Rechtsgrundlage gedeckt sein; d.h., dass z.B. ein Festhalten i.S.d. § 163 b Abs. 1 StPO nur unter gewissen Voraussetzungen möglich ist.

II. Anordnungsbefugnis:

- Jeder Polizeibeamte

  (z.B. bei der Vernehmung, Identitätsfeststellung, der erkennungsdienstlichen Behandlung oder der vorläufigen Festnahme (hier nur bei Gefahr im Verzug).

- Bei Gefahr im Verzug auch Ermittlungspersonen der Staatsanwaltschaft

  (z.B. bei der Beschlagnahme oder der körperlichen Untersuchung).

- Nur Richter oder Staatsanwalt

  (z. B. bei der „Gebäudedurchsuchung" des § 103 Abs. 1 S. 2 StPO).

- Die Strafkammer des Landgerichts, bei Gefahr im Verzug deren Vorsitzender

  (ausschließlich im Falle des § 100 c i.V.m. § 100 d Abs. 1 S. 1 und 2 StPO).

III. Formvorschriften:

Z.B. Belehrung
(natürlich nicht bei heimlichen Maßnahmen wie beispielsweise der Telekommunikationsüberwachung).

IV. Verhältnismäßigkeit:

Sowohl die Anordnung als auch die Art und Weise der Durchführung der polizeilichen Maßnahme muss dem Verhältnismäßigkeitsprinzip genügen (vgl. dazu auch die Ausführungen im ersten Kapitel unter Punkt 2. „Strafprozessuale Grundbegriffe").

Vorüberlegung: Welcher legitime Zweck soll erreicht werden?

1. Geeignetheit des Mittels

   Mit Hilfe der ergriffenen Maßnahme muss der gewünschte Erfolg erreicht werden können (Zwecktauglichkeit).

2. Erforderlichkeit des Mittels

    Eine andere gleich wirksame, aber den Betroffenen weniger belastende Maßnahme darf nicht durchführbar sein (Prinzip des geringst möglichen Eingriffs).

3. Angemessenheit des Mittels

    Die prozessuale Maßnahme darf nicht in einem unangemessenen Verhältnis zur Schwere des Tatvorwurfes und zur Stärke des Tatverdachtes stehen.

2. Körperliche Untersuchung des Beschuldigten - § 81 a StPO

Eingriff in Art. 2 Abs. 2 S. 1 i.V.m. Art. 104 GG (Recht auf körperliche Unversehrtheit) und gegebenenfalls in Art. 2 Abs. 2 S. 2 i.V.m. Art. 104 GG (Freiheit der Person)

Grundsätzlich gilt:

Der Beschuldigte muss körperliche Untersuchungen dulden, zu einer aktiven Beteiligung an derselben kann er hingegen nicht gezwungen werden.

I. Anordnungsvoraussetzungen:

1. **Einfacher Tatverdacht**

   Konkrete, tatsächliche Anhaltspunkte für das Vorliegen einer verfolgbaren Straftat.

2. **Der als Täter/Teilnehmer Beschuldigte**

   Beschuldigter ist der Tatverdächtige, gegen den polizeiliche oder staatsan-waltschaftliche Ermittlungen wegen des Verdachts einer strafbaren Handlung geführt werden.

3. **Zulässige Maßnahmen:**

   a) **Körperliche Untersuchung gemäß § 81 a Abs. 1 S. 1 StPO:**

   Die (eingriffslose) körperliche Untersuchung dient der Feststellung der inneren und äußeren Beschaffenheit des menschlichen Körpers

   - durch Inaugenscheinnahme der Körperoberfläche

     (z.B. Pupillenreaktion)

     oder

   - durch Inaugenscheinnahme der natürlichen Körperöffnungen.

   b) **Körperlicher Eingriff gemäß § 81 a Abs. 1 S. 2 StPO:**

   Bei einem körperlichen Eingriff kommt es regelmäßig zu (geringfügigen) Verletzungen des menschlichen Körpers (z.B. Blutentnahme). Ein kör-perlicher Eingriff liegt insbesondere vor, wenn dem Körper natürliche Bestandteile wie z.B. Blut entnommen oder dem Körper Stoffe zuge-führt werden oder sonst in das haut- und muskelumschlossene Innere des Körpers eingegriffen wird.

Die Vornahme hat zu erfolgen

- **von einem approbierten Arzt der Humanmedizin,**
- **nach den Regeln der ärztlichen Kunst,**

  - neuartige Untersuchungsmethoden dürfen an dem Beschuldigten (ohne sein Einverständnis) nicht erprobt werden -

- **ohne Einwilligung nur, wenn gesundheitliche Nachteile nicht zu befürchten sind.**

  Entscheidend ist der (allgemeine) Gesundheitszustand des Beschuldigten und inwieweit die Beeinträchtigung über die Untersuchungsdauer hinaus auf das körperliche Wohlbefinden erheblich einwirkt.

4. **Untersuchungszweck:**

Feststellung von Tatsachen, die für das Verfahren von Bedeutung sind.

II. **Anordnungsbefugnis:**

§ 81 a Abs. 2 StPO

Richter, bei Gefahr im Verzug die Staatsanwaltschaft und die Ermittlungspersonen der Staatsanwaltschaft (S. 1).

Gefahr im Verzug liegt vor, wenn die Anordnung des Richters nicht eingeholt werden kann, ohne dass der Erfolg der Maßnahme gefährdet wird.

Gemäß § 81 a Abs. 2 S. 2 StPO entfällt der Richtervorbehalt, sofern bestimmte Tatsachen den Verdacht eines Straßenverkehrsdeliktes gemäß § 315 a Abs. 1 Nr. 1, § 315 c Abs. 1 Nr. 1a oder § 316 StGB begründen.

III. **Formvorschriften:**

1. **Bekanntgabe der Untersuchungsart**
2. **§ 81 a Abs. 3, 1. Halbsatz StPO**

   Entnommene Blutproben oder sonstige Körperzellen dürfen für andere Zwecke als für ein anhängiges Verfahren nicht verwendet werden.

3.   **§ 81 a Abs. 3, 2. Halbsatz StPO**

Das entnommene Material ist unverzüglich zu vernichten, sobald es für das Strafverfahren nicht mehr benötigt wird.

4.   **§ 81 d StPO**

Die Vorschrift gilt für alle körperlichen Untersuchungen, die das Schamgefühl der zu untersuchenden Person verletzen können. Eine solche Untersuchung ist nach § 81 d Abs. 1 S. 1 StPO einer Person gleichen Geschlechts oder einem Arzt / einer Ärztin zu übertragen.

Nach § 81 d Abs. 1 S. 2 StPO besteht ein grundsätzliches Wahlrecht hinsichtlich des Geschlechts der Untersuchenden - damit soll individuellen Befindlichkeiten der Betroffenen Rechnung getragen werden.

IV.   Verhältnismäßigkeit:

Geeignetheit - Erforderlichkeit - Angemessenheit

Zunächst muss versucht werden, mit einer einfachen körperlichen Untersuchung auszukommen.

Für die Abgrenzung zwischen körperlicher Durchsuchung und körperlicher Untersuchung gilt:

Bei der **körperlichen Durchsuchung gemäß § 102 StPO** wird nach Gegenständen gesucht, die in oder unter der Kleidung, auf der Körperoberfläche oder in den natürlichen Körperöffnungen versteckt sind, sofern letztere ohne Gefahr der Verletzung einsehbar sind.

Die einfache **körperliche Untersuchung gemäß § 81 a StPO** dient dem Zweck, die vom Willen des Beschuldigten unabhängige Beschaffenheit seines Körpers oder einzelner Körperteile, den psychischen Zustand des Beschuldigten oder die körperbedingten Funktionen durch sinnliche Wahrnehmung festzustellen.

Dieser Zweck, nicht die Art ihrer Vornahme, unterscheidet damit die körperliche Durchsuchung von der körperlichen Untersuchung.

3.1 Erkennungsdienstliche Behandlung - § 81 b 1. Alt. StPO

Eingriff in Art. 2 Abs. 1 i.V.m. Art. 1 Abs. 1 GG (Recht auf informationelle Selbstbestimmung) und gegebenenfalls in Art. 2 Abs. 2 S. 2 i.V.m. Art. 104 GG (Freiheit der Person)

I. Anordnungsvoraussetzungen:

1. **Einfacher Tatverdacht**

Konkrete, tatsächliche Anhaltspunkte für das Vorliegen einer verfolgbaren Straftat.

2. **Der als Täter/Teilnehmer Beschuldigte**

Beschuldigter ist der Tatverdächtige, gegen den polizeiliche oder staatsanwaltschaftliche Ermittlungen wegen des Verdachts einer strafbaren Handlung geführt werden.

Gegen Verdächtige, die noch nicht die Beschuldigteneigenschaft erlangt haben, dürfen Maßnahmen zur Identitätsfeststellung nur nach § 163 b Abs. 1 S. 2, 3 StPO angeordnet werden.

3. **Zulässige Maßnahmen zum Zwecke der Strafverfolgung:**

a) Anfertigung von Lichtbildern,

b) Abnahme von Fingerabdrücken,

c) Vornahme von Messungen,

d) ähnliche Maßnahmen (z.B. Videoaufnahmen).

Danach sind alle Maßnahmen erlaubt, die – ohne dass es einer körperlichen Untersuchung bedarf – der Feststellung der körperlichen Beschaffenheit dienen. Die Maßnahmen können den Körper als Ganzes oder auch nur einzelne Körperteile betreffen.

Zwecke des Strafverfahrens werden verfolgt, wenn die Maßnahmen die Schuld oder Unschuld des Beschuldigten in einem gegen ihn anhängigen Strafverfahren beweisen sollen.

4. **Notwendigkeit der Identifizierungsmaßnahmen**

Im strafrechtlichen Ermittlungsverfahren ergeben sich die Notwendigkeit und ihre Grenzen aus der Sachaufklärungspflicht (§ 244 Abs. 2 StPO).

II.   Anordnungsbefugnis:

Staatsanwaltschaft und jeder Polizeibeamte

(nicht notwendig Ermittlungspersonen der Staatsanwaltschaft)

III.   Formvorschriften:

1.   **Belehrung über die Behandlungsart**

2.   **§ 81 d StPO**

Diese Vorschrift gilt auch für körperliche Behandlungen erkennungsdienstlicher Art, wenn sie das Schamgefühl der jeweiligen Person verletzen können. Eine solche Behandlung ist entsprechend § 81 d Abs. 1 S. 1 StPO einer Person gleichen Geschlechts zu übertragen; ein Arzt / eine Ärztin wird bei den Maßnahmen nach § 81 b StPO eher nicht erforderlich sein.

Nach § 81 d Abs. 1 S. 2 StPO besteht ein grundsätzliches Wahlrecht hinsichtlich des Geschlechts der Behandelnden - damit soll individuellen Befindlichkeiten der Betroffenen Rechnung getragen werden.

3.   **Die gewonnenen Unterlagen werden Bestandteil der Strafakten.**

IV.   Verhältnismäßigkeit:

Geeignetheit – Erforderlichkeit – Angemessenheit

3.2 Erkennungsdienstliche Behandlung - § 81 b 2. Alt. StPO

Eingriff in Art. 2 Abs. 1 i.V.m. Art. 1 Abs. 1 GG (Recht auf informationelle Selbstbestimmung) und gegebenenfalls in Art. 2 Abs. 2 S. 2 i.V.m. Art. 104 GG (Freiheit der Person)

I. Anordnungsvoraussetzungen:

1. Einfacher Tatverdacht

Konkrete, tatsächliche Anhaltspunkte für das Vorliegen einer verfolgbaren Straftat.

2. Der als Täter/Teilnehmer Beschuldigte

Der Begriff „Beschuldigter" im Sinne dieser zweiten Alternative besagt nur, dass die Anordnung nicht an beliebige Tatsachen anknüpfen oder zu einem beliebigen Zeitpunkt ergehen darf, sondern dass sie durch ein gegen den Betroffenen als Beschuldigten geführtes Strafverfahren veranlasst sein und das Ergebnis dieses Verfahrens auch die gesetzlich geforderte Notwendigkeit der erkennungsdienstlichen Behandlung begründen muss.

3. Zulässige Maßnahmen zum Zwecke des Erkennungsdienstes:

a)   Anfertigung von Lichtbildern,

b)   Abnahme von Fingerabdrücken,

c)   Vornahme von Messungen,

d)   ähnliche Maßnahmen (z.B. Videoaufnahmen).

Danach sind alle Maßnahmen erlaubt, die – ohne dass es einer körperlichen Untersuchung bedarf – der Feststellung der körperlichen Beschaffenheit dienen. Die Maßnahmen können den Körper als Ganzes oder auch nur einzelne Körperteile betreffen.

Zwecke des Erkennungsdienstes werden verfolgt, wenn die Maßnahmen nicht die Überführung eines Beschuldigten in einem bestimmten Strafverfahren bezwecken, sondern die vorsorgliche Bereitstellung sachlicher Hilfsmittel für die Erforschung und Aufklärung von künftigen Straftaten ermöglichen sollen; sie sind mithin rein vorbeugender und sichernder Natur.

4. **Notwendigkeit der Identifizierungsmaßnahmen**

   Notwendig sind die Maßnahmen vor allem bei gewerbs- oder gewohnheits-
   mäßig handelnden oder sonstigen Rückfalltätern. Bei anderen Beschuldigten
   kommt es darauf an, ob an ihnen wegen der Art und Schwere ihrer Straftaten
   ein besonderes kriminalistisches Interesse besteht. Maßgebend ist, ob Anhaltspunkte dafür vorliegen, dass der Beschuldigte in ähnlicher oder anderer
   Weise erneut straffällig werden könnte und ob die erkennungsdienstlichen Unterlagen zur Förderung der dann zu führenden Ermittlungen geeignet erscheinen.

II. **Anordnungsbefugnis:**

   Staatsanwaltschaft und jeder Polizeibeamte

   (nicht notwendig Ermittlungspersonen der Staatsanwaltschaft)

III. **Formvorschriften:**

1. **Belehrung über die Behandlungsart**
2. **§ 81 d StPO**

   Diese Vorschrift gilt auch für körperliche Behandlungen erkennungsdienstlicher
   Art, wenn sie das Schamgefühl der jeweiligen Person verletzen können. Eine
   solche Behandlung ist entsprechend § 81 d Abs. 1 S. 1 StPO einer Person gleichen Geschlechts zu übertragen; ein Arzt / eine Ärztin wird bei den Maßnahmen nach § 81 b StPO eher nicht erforderlich sein.
   Nach § 81 d Abs. 1 S. 2 StPO besteht ein grundsätzliches Wahlrecht hinsichtlich des Geschlechts der Behandelnden - damit soll individuellen Befindlichkeiten der Betroffenen Rechnung getragen werden.

3. **Die gewonnenen Unterlagen gelangen nicht in die Ermittlungsakten, sondern werden digitalisiert in zentrale polizeiliche Materialsammlungen aufgenommen.**

IV. **Verhältnismäßigkeit:**

   Geeignetheit – Erforderlichkeit – Angemessenheit

4.1 Körperliche Untersuchung anderer Personen
- § 81 c Abs. 1 StPO (Spurengrundsatz) -

Eingriff in Art. 2 Abs. 1 i.V.m. Art. 1 Abs. 1 GG (Allgemeines Persönlichkeitsrecht) und
gegebenenfalls in Art. 2 Abs. 2 S. 2 i.V.m. Art. 104 GG (Freiheit der Person)

I.   **Anordnungsvoraussetzungen:**

1.   **Einfacher Tatverdacht**

     Konkrete, tatsächliche Anhaltspunkte für das Vorliegen einer verfolgbaren
     Straftat.

2.   **Andere Person:**

     Betroffener ist unverdächtig und kommt als Zeuge einer Straftat in Betracht

     Als *unverdächtig* sind solche Personen anzusehen, bei denen keine Anhaltspunkte dafür bestehen, dass sie als Täter oder Teilnehmer einer Straftat in Betracht kommen oder die wegen des Vorliegens von Schuld- oder Strafausschließungsgründen nicht verfolgt werden können.
     Zeugen i.S.d. § 81 c Abs. 1 StPO sind alle nichtverdächtigen Personen, an deren Körper sich nach Beurteilung des jeweiligen Sachstandes Spuren oder Folgen einer Straftat befinden können. Dazu gehören auch Kleinkinder und Säuglinge.

3.   **Zulässige Maßnahme: Körperliche Untersuchung**

     Die (eingriffslose) körperliche Untersuchung dient der Feststellung der inneren
     und äußeren Beschaffenheit des menschlichen Körpers

     •   durch Inaugenscheinnahme der Körperoberfläche

         (z.B. Pupillenreaktion)

         oder

     •   durch Inaugenscheinnahme der natürlichen Körperöffnungen.

     Die körperliche Untersuchung darf nicht auf körperliche Eingriffe ausgedehnt
     werden.

4.	**Notwendigkeit der Untersuchung**

Notwendig ist die Untersuchung, wenn zur Erforschung der Wahrheit festgestellt werden muss, ob sich am Körper des Zeugen Spuren oder Folgen der Straftat befinden.

Die Untersuchung muss dabei nicht letztes Mittel sein. Vielmehr ist sie beispielsweise auch möglich, wenn die bereits bekannten Beweismittel die Aufklärung des Sachverhalts nicht mit ausreichender Sicherheit ermöglichen.

5.	**Untersuchungszweck:**

Feststellung von bestimmten Spuren oder Tatfolgen am Körper.

Spuren sind unmittelbar durch die Tat verursachte Veränderungen am Körper, die Rückschlüsse auf den Täter oder die Tatausführung ermöglichen (z.B. Stichwunde).

Tatfolgen sind durch die Tat eingetretene Veränderungen am Körper des Opfers, die solche Hinweise nicht zulassen (z.B. Zahnlücke).

Die Maßnahme nach § 81c Abs. 1 StPO dient der Feststellung einer *bestimmten* Spur oder Tatfolge.

Die Ermittlungsorgane müssen mithin vor der Untersuchung eine Vorstellung davon haben, welche Spuren oder Tatfolgen bestehen, die durch die Untersuchung gefunden werden können.

6.	**Keine berechtigte Untersuchungsverweigerung gemäß § 81 c Abs. 3 StPO**

Die Untersuchung darf aus den gleichen Gründen wie das Zeugnis (§ 52 StPO) verweigert werden.

II.	**Anordnungsbefugnis:**

§ 81 c Abs. 5 S. 1 StPO

Gericht (ausschließlich bei Absatz 3 S. 3), bei Gefahr im Verzug die Staatsanwaltschaft und die Ermittlungspersonen der Staatsanwaltschaft.

Gefahr im Verzug liegt vor, wenn die Anordnung des Gerichts nicht eingeholt werden kann, ohne dass der Erfolg der Maßnahme gefährdet wird

- weil beispielsweise zu befürchten ist, dass der Untersuchungsbefund durch Zeitablauf verfälscht wird.

III. **Formvorschriften:**

1. **Bekanntgabe der Untersuchungsart**

2. **Belehrung über das Untersuchungsverweigerungsrecht gemäß § 81 c Abs. 3 S. 1 bzw. nach § 81 c Abs. 3 S. 2 i.V.m. § 52 Abs. 3 S. 1 StPO.**

3. **§ 81 c Abs. 5 S. 2 i.V.m. § 81 a Abs. 3, 1. Halbsatz StPO**

   Entnommene Körperzellen dürfen für andere Zwecke als für ein anhängiges Verfahren nicht verwendet werden.

4. **§ 81 c Abs. 5 S. 2 i.V.m. § 81 a Abs. 3, 2. Halbsatz StPO**

   Das entnommene Material ist unverzüglich zu vernichten, sobald es für das Strafverfahren nicht mehr benötigt wird.

5. **§ 81 c Abs. 6 S. 2 StPO**

   Die Anordnung von Zwang ist nur durch den Richter möglich.

6. **§ 81 d StPO**

   Die Vorschrift gilt für alle körperlichen Untersuchungen, die das Schamgefühl der zu untersuchenden Person verletzen können. Eine solche Untersuchung ist nach § 81 d Abs. 1 S. 1 StPO einer Person gleichen Geschlechts oder einem Arzt / einer Ärztin zu übertragen.

   Nach § 81 d Abs. 1 S. 2 StPO besteht ein grundsätzliches Wahlrecht hinsichtlich des Geschlechts der Untersuchenden - damit soll individuellen Befindlichkeiten der Betroffenen Rechnung getragen werden.

IV. **Verhältnismäßigkeit:** **Zumutbarkeit gemäß § 81 c Abs. 4 StPO**

Geeignetheit - Erforderlichkeit - Angemessenheit

Insbesondere sind hier die persönlichen Verhältnisse des Zeugen (z.B. Alter und Gesundheitszustand), die Art und Folgen der Untersuchung sowie deren Bedeutung für die Beweisführung zu berücksichtigen.

4.2 Körperliche Untersuchung anderer Personen
- § 81 c Abs. 2 StPO (Aufklärungsgrundsatz) -

Eingriff in Art. 2 Abs. 1 i.V.m. Art. 1 Abs. 1 GG (Allgemeines Persönlichkeitsrecht), in Art. 2 Abs. 2 S. 1 GG i.V.m. Art. 104 GG (Recht auf körperliche Unversehrtheit) und gegebenenfalls in Art. 2 Abs. 2 S. 2 i.V.m. Art. 104 GG (Freiheit der Person)

I. Anordnungsvoraussetzungen:

1. **Einfacher Tatverdacht**

   Konkrete, tatsächliche Anhaltspunkte für das Vorliegen einer verfolgbaren Straftat.

2. **Andere Person:**

   Betroffener ist unverdächtig

   Als *unverdächtig* sind solche Personen anzusehen, bei denen keine Anhaltspunkte dafür bestehen, dass sie als Täter oder Teilnehmer einer Straftat in Betracht kommen oder die wegen des Vorliegens von Schuld- oder Strafausschließungsgründen nicht verfolgt werden können.

   Anders als bei § 81 c Abs. 1 StPO gilt hier nicht der Zeugen- und Spurengrundsatz, sondern allein der Aufklärungsgrundsatz; d.h. ob der Betroffene als Zeuge in Betracht kommt, ist gleichgültig.

3. **Zulässige Maßnahmen:**

   a) **Abstammungsuntersuchung gemäß § 81 c Abs. 2 S. 1 StPO**

   Bedeutung hat diese Maßnahme bei der Verfolgung von Falschaussagen in Unterhaltsprozessen.

   b) **Entnahme von Blutproben gemäß § 81 c Abs. 2 S. 1 StPO**

   Die Vornahme hat zu erfolgen

   - **von einem approbierten Arzt der Humanmedizin,**

   - **ohne Einwilligung nur, wenn gesundheitliche Nachteile nicht zu befürchten sind.**

   Entscheidend ist der (allgemeine) Gesundheitszustand des Betroffenen und inwieweit die Beeinträchtigung über die Untersuchungsdauer hinaus auf das körperliche Wohlbefinden erheblich einwirkt.

4.   **Untersuchungszweck:**

Aufklärung zur Erforschung der Wahrheit.

5.   **Unerlässlichkeit der Maßnahme zur Wahrheitsfindung, § 81 c Abs. 2 S. 1**
StPO

Die *Unerlässlichkeit* der Maßnahme ist an der Aufklärungspflicht (§ 244 Abs. 2
StPO) zu bemessen. Dass zuvor alle anderen Beweismöglichkeiten versagt
haben, wird nicht vorausgesetzt.

6.   **Keine berechtigte Untersuchungsverweigerung gemäß § 81 c Abs. 3**
StPO

Die Untersuchung darf aus den gleichen Gründen wie das Zeugnis (§ 52
StPO) verweigert werden.

II.   **Anordnungsbefugnis:**

§ 81 c Abs. 5 S. 1 StPO

Gericht (ausschließlich bei Abs. 3 S. 3), bei Gefahr im Verzug Staatsanwaltschaft und Ermittlungspersonen der Staatsanwaltschaft.

Gefahr im Verzug liegt vor, wenn die Anordnung des Gerichts nicht eingeholt
werden kann, ohne dass der Erfolg der Maßnahme gefährdet wird
- weil beispielsweise zu befürchten ist, dass der Untersuchungsbefund durch
Zeitablauf verfälscht wird.

III.   **Formvorschriften:**

1.   **Bekanntgabe der Untersuchungsart**

2.   **Belehrung über das Untersuchungsverweigerungsrecht gemäß § 81 c**
Abs. 3 S. 1 bzw. nach § 81 c Abs. 3 S. 2 i.V.m. § 52 Abs. 3 S. 1 StPO.

3.   **§ 81 c Abs. 5 S. 2 i.V.m. § 81 a Abs. 3, 1. Halbsatz StPO**
Entnommene Blutproben (oder sonstige Körperzellen – sofern der Betroffene
einwilligt) dürfen für andere Zwecke als für ein anhängiges Verfahren nicht
verwendet werden.

4.   **§ 81 c Abs. 5 S. 2 i.V.m. § 81 a Abs. 3, 2. Halbsatz StPO**

Das entnommene Material ist unverzüglich zu vernichten, sobald es für das Strafverfahren nicht mehr benötigt wird.

5.   **§ 81 c Abs. 6 S. 2 StPO**

Die Anordnung von Zwang ist nur durch den Richter möglich.

6.   **§ 81 d StPO**

Da sowohl die Abstammungsuntersuchung als auch die Entnahme einer Blutprobe laut Gesetzestext nur von einem Arzt durchgeführt werden darf, kann diese Formvorschrift vorliegend allenfalls bzgl. der Frage des Geschlechts desselben herangezogen werden.

IV.   <u>**Verhältnismäßigkeit:**</u>   **Zumutbarkeit gemäß § 81 c Abs. 4 StPO**

Geeignetheit - Erforderlichkeit - Angemessenheit

Insbesondere sind hier die persönlichen Verhältnisse der unverdächtigen Person (z.B. Alter und Gesundheitszustand), die Art und Folgen der Untersuchung sowie deren Bedeutung für die Beweisführung zu berücksichtigen.

5. Molekulargenetische Untersuchung

Das DNA[4] - Analyseverfahren basiert allgemein auf hochentwickelten molekularbiologischen Verfahren, mit denen bestimmte, sich wiederholende Sequenzen im DNA – Molekül ermittelt werden. Diese Sequenzen sind in fast jeder Körperzelle enthalten und sind nach Anzahl, Länge und Position bei jedem Menschen verschieden. Zu unterscheiden sind drei Untersuchungsmethoden:

1. Der sogenannte „genetische Fingerabdruck"
    – stellt hohe Anforderungen an das Spurenmaterial und wird heute kaum noch angewandt, da die Erfolgsquote nur bei ca. 10 – 20 % lag.

2. Das „PCR (Polymerase Chain Reaction) - Verfahren"
    – dieses Analyseverfahren wird derzeit überwiegend eingesetzt, da es auch bei nur kleinsten Mengen an Spuren oder Zersetzung des Spurenträgers DNA – Untersuchungen erlaubt. Damit beträgt die Erfolgsrate in der Praxis derzeit über 95 %.

3. Die Untersuchung der sogenannten "mitochondrialen DNA (mtDNA)", eine der neuesten DNA - Typisierungstechnologien
    – diese Untersuchung lässt sich auch an Materialien durchführen, die vorher selten bzw. nie entsprechende Ergebnisse lieferten, wie beispielsweise Haare ohne Wurzeln. Allerdings ist dieses Verfahren derzeit noch mit sehr vielen Schwierigkeiten behaftet, weshalb die Zuverlässigkeit bezweifelt werden könnte.

---

[4]   DNA / DNS ist die Abkürzung von Desoxyribonucleic Acid (engl.) bzw. Desoxyribonukleinsäure (deutsch).

5.1 DNA – Analyse - § 81 e StPO

Eingriff in Art. 2 Abs. 1 i.V.m. Art. 1 Abs. 1 GG (Recht auf informationelle Selbstbestimmung)

I. **Anordnungsvoraussetzungen:**

1. **Einfacher Tatverdacht**

Konkrete, tatsächliche Anhaltspunkte für das Vorliegen einer verfolgbaren Straftat.

2. **„Adressaten" der Maßnahme gemäß § 81 e Abs. 1, Abs. 2 StPO:**

   a) **Der als Täter/Teilnehmer Beschuldigte oder der Verletzte**

   Beschuldigter ist der Tatverdächtige, gegen den polizeiliche oder staatsanwaltschaftliche Ermittlungen wegen des Verdachts einer strafbaren Handlung geführt werden.

   b) **Andere Personen**

   c) **Aufgefundenes, sichergestelltes oder beschlagnahmtes Material**

3. **Zulässige Maßnahme:**

   Molekulargenetische Untersuchung

   Als Vorstufe ist bei § 81 e Abs. 1 StPO die freiwillige oder zwangsweise Entnahme von Körperzellen nach § 81 a oder § 81 c StPO erforderlich, bei § 81 e Abs. 2 StPO die Sicherstellung oder Beschlagnahme des Materials.

4. **Untersuchungszweck:**

   Feststellung des DNA - Identifizierungsmusters, der Abstammung und des Geschlechts der Person zum Abgleich mit Vergleichsmaterial.

   Feststellungen über andere als die in § 81 e Abs. 1 S. 1 StPO bezeichneten Tatsachen dürfen nicht erfolgen; hierauf gerichtete Untersuchungen (z.B. bzgl. Krankheiten) sind unzulässig (§ 81 e Abs. 1 S. 2 StPO) – beachte aber zusätzlich § 81 e Abs. 2 S. 2 StPO.

Beachte:

Die DNA - Analyse nach § 81 e StPO ist nur zulässig zur Überführung eines Straftäters in einem *anhängigen* Strafverfahren. Sie ist von der DNA – Identifizierung gemäß § 81 g StPO zu unterscheiden, die die vorsorgliche Beweisbeschaffung für künftige Strafverfahren regelt.

II.   Anordnungsbefugnis:

§ 81 f Abs. 1 S. 1 StPO

Ohne schriftliche Einwilligung der betroffenen Person:

Gericht, bei Gefahr im Verzug die Staatsanwaltschaft und die Ermittlungspersonen der Staatsanwaltschaft.

Gefahr im Verzug liegt vor, wenn die Anordnung des Gerichts nicht eingeholt werden kann, ohne dass der Erfolg der Maßnahme gefährdet wird.

Die Anordnung der Entnahme von Körperzellen geht bei Beschuldigten nach § 81 a Abs. 2 StPO bzw. bei nichtbeschuldigten Personen nach § 81 c Abs. 5 StPO, liegt also grundsätzlich bei einem Richter:

Eine Gefährdung des Untersuchungserfolges durch Verzögerung wird insbesondere bei § 81 c StPO nur in Ausnahmefällen (z.B. bei beabsichtigter Abschiebung) anzunehmen sein, weil die betreffende Person ihr genetisches Material nicht verändern kann.

Und wenn sich der Beschuldigte dem Verfahren zu entziehen beabsichtigt, wird in aller Regel bei Vorliegen der sonstigen Haftvoraussetzungen der Haftgrund der „Fluchtgefahr" (§ 112 Abs. 2 Nr. 2 StPO) gegeben sein, weshalb dann ebenfalls der Richter die Anordnung zu treffen hat. Etwas anderes kann aber z.B. dann gelten, wenn ohne das Ergebnis der DNA – Analyse der für die Anordnung der Untersuchungshaft erforderliche Tatverdacht (noch) nicht gegeben ist.

Beachte:

- Die Anordnungskompetenz entfällt gemäß § 81 f Abs. 1 S. 1 StPO, wenn die betroffene Person in die molekulargenetische Untersuchung schriftlich einwilligt. Erforderlich ist dafür aber eine Belehrung gemäß § 81 f Abs. 1 S. 2 StPO.

- Die molekulargenetische Untersuchung von anonymen Spuren gemäß § 81 e Abs. 2 StPO unterfällt nicht der Anordnungskompetenz des Gerichts, sondern sie kann auch von der Staatsanwaltschaft oder der Polizei angeordnet werden.

III.   Formvorschriften:

1.   **§ 81 e Abs. 2 S. 2 i.V.m § 81 a Abs. 3, 1. Halbsatz StPO**

Das Material darf nur für Zwecke eines anhängigen Strafverfahrens verwendet werden.

2.   **§ 81 f Abs. 2 S. 1 und S. 2 StPO**

Anordnungsform der Maßnahme.

In der Anordnung ist der mit der Untersuchung zu beauftragende Sachverständige vom Gericht zu benennen (meist wird dies in der Praxis von der Polizei oder der Staatsanwaltschaft vorgegeben).

Wer konkret als Sachverständiger in Betracht kommt, regelt § 81 f Abs. 2 S. 1 StPO.

Darüber hinausgehend wird festgelegt, dass der Sachverständige durch technische und organisatorische Maßnahmen zu gewährleisten hat, dass unzulässige molekulargenetische Untersuchungen und unbefugte Kenntnisnahme durch Dritte ausgeschlossen sind (§ 81 f Abs. 2 S. 2 StPO).

3.   **§ 81 f Abs. 2 S. 3 StPO**

Dem Sachverständigen ist das Untersuchungsmaterial in anonymisierter Form zu übergeben.

4.   **§ 81 f Abs. 2 S. 4 StPO**

Gegebenenfalls erfolgt eine datenschutzrechtliche Kontrolle.

5. **§ 81 g Abs. 5 S. 2 und 4 StPO**

   Bei sogenannten Umwidmungsfällen ist der Betroffene über die Speicherung der erhobenen Daten in der DNA - Analysedatei zu benachrichtigen und auf die Möglichkeit der Beantragung einer gerichtlichen Entscheidung hinzuweisen (entsprechend § 98 Abs. 2 S. 2 StPO).

   Mit *Umwidmungsfällen* sind die Fälle gemeint, in denen bereits für den Zweck des laufenden Ermittlungsverfahrens eine DNA - Analyse durchgeführt wurde und später Veranlassung gesehen wird, die Daten auch in der DNA - Analysedatei abzuspeichern.

IV.   **Verhältnismäßigkeit:**

Geeignetheit - Erforderlichkeit - Angemessenheit

Die Maßnahme muss zur Erforschung des Sachverhalts erforderlich sein (§ 81 e Abs. 1 S. 1 a.E. StPO).

5.2   DNA - Identitätsfeststellung - § 81 g StPO

Eingriffe in Art. 2 Abs. 1 i.V.m. Art. 1 Abs. 1 GG (Recht auf informationelle Selbstbestimmung)
und Art. 2 Abs. 2 S. 1 i.V.m. Art. 104 GG (Recht auf körperliche Unversehrtheit)

I.   **Anordnungsvoraussetzungen:**

1.   **Einfacher Tatverdacht auf**

a)   **eine Straftat von erheblicher Bedeutung (Absatz 1 S. 1)**
oder

b)   **einer Straftat gegen die sexuelle Selbstbestimmung (Absatz 1 S. 1)**
oder

c)   **eine sonstige Straftat, die weder von erheblicher Bedeutung ist noch gegen die sexuelle Selbstbestimmung verstößt, wenn sie wiederholt begangen wurde (Absatz 1 S. 2).**

Konkrete, tatsächliche Anhaltspunkte für das Vorliegen einer der genannten Straftaten.

Eine Straftat ist dann von *erheblicher Bedeutung*, wenn sie mindestens dem Bereich der mittleren Kriminalität zugeordnet werden kann, den Rechtsfrieden empfindlich stört und dazu geeignet ist, das Gefühl der Rechtssicherheit der Bevölkerung erheblich zu beeinträchtigen.

Es kann sich selbstverständlich nur um Delikte handeln, bei denen der Täter Körperzellen absondern könnte.

Der Versuch wie auch die Teilnahme dieser Taten genügt.

2.   **Adressat der Maßnahme gemäß § 81 g Abs. 1 StPO:**
Der als Täter/Teilnehmer Beschuldigte
Beschuldigter ist der Tatverdächtige, gegen den polizeiliche oder staatsanwaltschaftliche Ermittlungen wegen des Verdachts einer strafbaren Handlung geführt werden.

Beachte:

Gemäß **§ 81 g Abs. 4 StPO** können Maßnahmen nach § 81 g StPO auch bei rechtskräftig Verurteilten durchgeführt werden, ebenso bei Personen, die nur wegen

1.   erwiesener oder nicht auszuschließender Schuldunfähigkeit,

2.   auf Geisteskrankheit beruhender Verhandlungsunfähigkeit oder

3.   fehlender oder nicht auszuschließender fehlender Verantwortlichkeit (§ 3 JGG)

nicht verurteilt worden sind und die entsprechende Eintragung im Bundeszentralregister oder Erziehungsregister noch nicht getilgt ist.

3.   **Die Gefahr neuer, einschlägiger Straftaten muss bestehen („Negativprognose" oder „Rückfallprognose")**

Dies ist nach den Erkenntnissen bei der vorliegenden Straftat unter Berücksichtigung der Täterpersönlichkeit, einschlägiger, verwertbarer Vorstrafen und der Umstände des Einzelfalles zu beurteilen.

4.   **Zulässige Maßnahmen:**

a)   **Entnahme von Körperzellen**

und

b)   **Molekulargenetische Untersuchung**

5.   **Untersuchungszweck:**

Feststellung des DNA - Identifizierungsmusters sowie des Geschlechts für künftige Strafverfahren.

Andere Feststellungen als diejenigen, die zur Ermittlung des DNA – Identifizierungsmusters erforderlich sind, dürfen nicht getroffen werden; hierauf gerichtete Untersuchungen (z.B. bzgl. Krankheiten) sind unzulässig (§ 81 g Abs. 2 S. 2 StPO).

II. Anordnungsbefugnis:

§ 81 g Abs. 3 S. 1 StPO

Die **Entnahme der Körperzellen** darf ohne schriftliche Einwilligung des Beschuldigten das Gericht, bei Gefahr im Verzug auch die Staatsanwaltschaft und die Ermittlungspersonen der Staatsanwaltschaft anordnen.

Gefahr im Verzug liegt vor, wenn die Anordnung des Gerichts nicht eingeholt werden kann, ohne dass der Erfolg der Maßnahme gefährdet wird.

Die **molekulargenetischen Untersuchung** darf ohne schriftliche Einwilligung des Beschuldigten immer nur durch das Gericht angeordnet werden (§ 81 g Abs. 3 S. 2 StPO).

Beachte:

Die Anordnungskompetenz entfällt gemäß § 81 g Abs. 3 S. 1 und 2 StPO, wenn der Beschuldigte in die Entnahme der Körperzellen und die molekulargenetische Untersuchung schriftlich einwilligt. Erforderlich ist dafür aber eine Belehrung gemäß § 81 g Abs. 3 S. 3 StPO.

III. Formvorschriften:

1. § 81 g Abs. 2 S. 1 und 2 StPO

Die entnommenen Körperzellen dürfen nur für die in Absatz 1 genannte molekulargenetische Untersuchung verwendet werden.

Das entnommene Material ist unverzüglich zu vernichten, sobald es für die molekulargenetische Untersuchung nicht mehr benötigt wird.

Bei der Untersuchung dürfen andere Feststellungen als diejenigen, die zur Ermittlung des DNA – Identifizierungsmusters sowie des Geschlechts erforderlich sind, nicht getroffen werden; hierauf gerichtete Untersuchungen sind unzulässig.

2. **§ 81 g Abs. 3 S. 4 i.V.m. § 81 f Abs. 2 S. 1 und S. 2 StPO**

Anordnungsform der Maßnahme.

In der Anordnung ist der mit der Untersuchung zu beauftragende Sachverständige vom Gericht zu benennen (meist wird dies in der Praxis von der Polizei oder der Staatsanwaltschaft vorgegeben).

Wer konkret als Sachverständiger in Betracht kommt, regelt § 81 f Abs. 2 S. 1 StPO.

Darüber hinausgehend wird festgelegt, dass der Sachverständige durch technische und organisatorische Maßnahmen zu gewährleisten hat, dass unzulässige molekulargenetische Untersuchungen und unbefugte Kenntnisnahme durch Dritte ausgeschlossen sind (§ 81 f Abs. 2 S. 2 StPO).

3. **§ 81 g Abs. 3 S. 4 i.V.m. § 81 f Abs. 2 S. 3 StPO**

Dem Sachverständigen ist das Untersuchungsmaterial in anonymisierter Form zu übergeben.

4. **§ 81 g Abs. 3 S. 4 i.V.m. § 81 f Abs. 2 S. 4 StPO**

Gegebenenfalls erfolgt eine datenschutzrechtliche Kontrolle.

5. **§ 81 g Abs. 5 StPO**

Speicherung der erhobenen Daten in der DNA – Analysedatei des Bundeskriminalamtes.

IV. **Verhältnismäßigkeit:**

Geeignetheit - Erforderlichkeit - Angemessenheit

Hier können sich insbesondere aus dem Grundsatz der *Geeignetheit* Beschränkungen ergeben: Eine Körperzellenentnahme zur Feststellung des DNA – Identifizierungsmusters zum Zwecke künftiger Täterermittlung ist nämlich dann keine geeignete Maßnahme, wenn zwar Straftaten von erheblicher Bedeutung prognostiziert werden können, diese aber erwartungsgemäß keine Tatspuren hinterlassen. Dies wird beispielsweise bei Delikten wie Meineid oder Verleumdung der Fall sein.

5.3 DNA - Reihenuntersuchung - § 81 h StPO

Eingriffe in Art. 2 Abs. 1 i.V.m. Art. 1 Abs. 1 GG (Allgemeines Persönlichkeitsrecht)
und Art. 2 Abs. 2 S. 1 i.V.m. Art. 104 GG (Recht auf körperliche Unversehrtheit)

Reihengentests werden in der Praxis bei besonders schweren Straftaten durchgeführt, wenn andere Ermittlungen nicht weiterführen, es aber wahrscheinlich ist, dass der Täter einer abgrenzbaren Gruppe von Personen angehört.

I.   Anordnungsvoraussetzungen:

1.   **Konkreter, einfacher Tatverdacht, dass ein Verbrechen gegen das Leben, die körperliche Unversehrtheit, die persönliche Freiheit oder die sexuelle Selbstbestimmung begangen worden ist.**

Es müssen bestimmte Tatsachen vorliegen, die den Verdacht eines solchen Verbrechens begründen.

2.   **Adressaten der Maßnahme gemäß § 81 h Abs. 1 StPO:**
Personen, die bestimmte, auf den Täter vermutlich zutreffende Prüfungsmerkmale erfüllen.

Solche Merkmale können das Alter, das Geschlecht, Haar- und Augenfarbe, die Haltereigenschaft eines bestimmten Kfz-Typs oder die Zugehörigkeit zu einem bestimmten Unternehmen sein.

3.   **Zulässige Maßnahmen:**

   a)   **Entnahme von Körperzellen**

   und

   b)   **Molekulargenetische Untersuchung zur Feststellung des DNA – Identifizierungsmusters und des Geschlechts**

   und

   c)   **Automatisierter Abgleich des festgestellten DNA – Identifizierungsmusters mit den DNA – Identifizierungsmustern von Spurenmaterial**

4.   **Untersuchungszweck:**
Feststellung der Tatsache, ob das Spurenmaterial von diesen Personen oder von ihren Verwandten in gerader Linie oder in der Seitenlinie bis zum dritten Grad stammt.

Verwandte in gerader Linie (§ 1589 S. 1 BGB) sind beispielsweise Eltern, Kinder, Großeltern, Enkel usw. *Verwandte in der Seitenlinie bis zum dritten Grad* (§ 1589 S. 2 BGB) sind u.a. voll- und halbbürtige Geschwister sowie Geschwisterkinder (Nichten und Neffen).

Beachte:

Die Maßnahme ist gemäß § 81 h Abs. 1 StPO nur mit der schriftlichen Einwilligung der jeweiligen Person durchführbar.

II. Anordnungsbefugnis:

§ 81 h Abs. 2 S. 1 StPO

Eine Maßnahme nach Absatz 1 bedarf der gerichtlichen Anordnung.

III. Formvorschriften:

1. **§ 81 h Abs. 2 S. 2 bis S. 4 StPO**

   Anordnungsform der Maßnahme.

2. **§ 81 h Abs. 3 S. 1 i.V.m. § 81 f Abs. 2 S. 1 und S. 2 StPO**

   In der Anordnung ist der mit der Untersuchung zu beauftragende Sachverständige vom Gericht zu benennen (meist wird dies in der Praxis von der Polizei oder der Staatsanwaltschaft vorgegeben).

   Wer konkret als Sachverständiger in Betracht kommt, regelt § 81 f Abs. 2 S. 1 StPO.

   Darüber hinausgehend wird festgelegt, dass der Sachverständige durch technische und organisatorische Maßnahmen zu gewährleisten hat, dass unzulässige molekulargenetische Untersuchungen und unbefugte Kenntnisnahme durch Dritte ausgeschlossen sind (§ 81 f Abs. 2 S. 2 StPO).

3. **§ 81 h Abs. 3 S. 1 i.V.m. § 81 f Abs. 2 S. 3 StPO**

   Dem Sachverständigen ist das Untersuchungsmaterial in anonymisierter Form zu übergeben.

4. **§ 81 h Abs. 3 S. 1 i.V.m. § 81 f Abs. 2 S. 4 StPO**

Gegebenenfalls erfolgt eine datenschutzrechtliche Kontrolle.

5. **§ 81 h Abs. 3 S. 2 StPO**

Die entnommenen Körperzellen sind unverzüglich zu vernichten, sobald sie für die Untersuchung nach Absatz 1 nicht mehr benötigt werden.

6. **§ 81 h Abs. 3 S. 3 und S. 4 StPO**

Voraussetzungen zur Löschung der Aufzeichnungen über die durch die Maßnahme festgestellten DNA - Identifizierungsmuster (S. 3) und Dokumentation der Löschung und Vernichtung (S. 4).

7. **§ 81 h Abs. 4 StPO**

Erfordernis einer schriftlichen Belehrung der betroffenen Person, dass die Maßnahme nur mit ihrer Einwilligung durchgeführt werden darf.

Darüber hinausgehend haben Hinweise dahingehend zu erfolgen, dass die entnommenen Körperzellen ausschließlich zur Feststellung des DNA-Identifizierungsmusters, der Abstammung und des Geschlechts untersucht werden und unverzüglich zu vernichten sind, sobald sie hierfür nicht mehr erforderlich sind (§ 81 h Abs. 4 S. 2 Nr. 1 StPO). Ferner, dass das Untersuchungsergebnis mit den DNA - Identifizierungsmustern von Spurenmaterial automatisiert daraufhin abgeglichen wird, ob das Spurenmaterial von ihnen oder von ihren Verwandten in gerader Linie oder in der Seitenlinie bis zum dritten Grad stammt (§ 81 h Abs. 4 S. 2 Nr. 2 StPO). Weiterhin ist darauf hinzuweisen, dass das Ergebnis des Abgleichs zu Lasten der betroffenen Person oder mit ihr in gerader Linie oder in der Seitenlinie bis zum dritten Grad verwandter Personen verwertet werden darf (§ 81 h Abs. 4 S. 2 Nr. 3 StPO). Ferner, dass die festgestellten DNA – Identifizierungsmusters nicht zur Identitätsfeststellung in künftigen Strafverfahren beim Bundeskriminalamt gespeichert werden (§ 81 h Abs. 4 S. 2 Nr. 4 StPO).

IV.   **Verhältnismäßigkeit:**

Geeignetheit - Erforderlichkeit - Angemessenheit

Die Maßnahme darf insbesondere im Hinblick auf die Anzahl der von ihr betroffenen Personen nicht außer Verhältnis zur Schwere der Tat stehen (§ 81 h Abs. 1 S. 1 a.E. StPO).

6.1 Sicherstellung von Beweismitteln - § 94 Abs. 1 StPO

I. **Anordnungsvoraussetzungen:**

1. **Einfacher Tatverdacht**

   Konkrete, tatsächliche Anhaltspunkte für das Vorliegen einer verfolgbaren Straftat.

2. **Gegenstand mit potentieller Beweisbedeutung**

   Gegenstände als Beweismittel im Sinne von Absatz 1 sind alle beweglichen oder unbeweglichen Sachen, die unmittelbar oder mittelbar für die Tat oder die Umstände ihrer Begehung Beweise erbringen (z.B. Tatbeute, Kleidungsstück mit Blutflecken).

   Die *potentielle Beweisbedeutung* liegt vor, wenn die Möglichkeit besteht, dass der Gegenstand im Verfahren zu Untersuchungszwecken, insbesondere zur Ent- oder Belastung des Beschuldigten, verwendet wird.

3. **Freiwillige Herausgabe des Gewahrsamsinhabers**

   oder

   Gewahrsamsinhaber ist nicht bekannt (z.B. bei herrenlosen Sachen).

   Damit ist die formlose Sicherstellung möglich.

II. **Anordnungsbefugnis:**

Staatsanwaltschaft und jeder Polizeibeamte

(nicht notwendig Ermittlungspersonen der Staatsanwaltschaft)

III. Formvorschriften:

1. **Bekanntgabe der Maßnahme an den Betroffenen**

2. **§ 107 S. 2 StPO**

   Ausstellung eines Verzeichnisses oder einer Bescheinigung.

3. **§ 109 StPO**

   Kennzeichnung der Gegenstände.

4. **§ 94 Abs. 4 i.V.m. §§ 111 n und o StPO**

   Herausgabe sichergestellter Gegenstände an denjenigen, dem sie durch die Straftat unmittelbar entzogen worden sind, wenn er bekannt ist, Ansprüche Dritter nicht entgegenstehen und die Gegenstände für das Strafverfahren nicht mehr benötigt werden.

IV. Verhältnismäßigkeit:

Geeignetheit - Erforderlichkeit - Angemessenheit

6.2 Beschlagnahme von Beweismitteln
- § 94 Abs. 2 i.V.m. § 98 StPO -

Eingriff in Art. 14 Abs. 1 S. 1 GG (Eigentum / Besitz)

I. Anordnungsvoraussetzungen:

1. **Einfacher Tatverdacht**

   Konkrete, tatsächliche Anhaltspunkte für das Vorliegen einer verfolgbaren Straftat.

2. **Gegenstand mit potentieller Beweisbedeutung**

   Gegenstände als Beweismittel im Sinne von Absatz 1 sind alle beweglichen oder unbeweglichen Sachen, die unmittelbar oder mittelbar für die Tat oder die Umstände ihrer Begehung Beweise erbringen (z.B. Tatbeute, Kleidungsstück mit Blutflecken). Die *potentielle Beweisbedeutung* liegt vor, wenn die Möglichkeit besteht, dass der Gegenstand im Verfahren zu Untersuchungszwecken, insbesondere zur Ent- oder Belastung des Beschuldigten, verwendet wird.

3. **Gewahrsam des Betroffenen über den Gegenstand**

4. **Keine freiwillige Herausgabe des Gewahrsaminhabers**

   oder

   Gewahrsamsinhaber ist nicht anwesend.

   Damit ist die Beschlagnahme erforderlich.

5. **Kein Beschlagnahmeverbot gemäß §§ 96, 97 oder 148 StPO**

II. Anordnungsbefugnis:

§ 98 Abs. 1 StPO

Gericht (ausschließlich bei Absatz 1 S. 2), bei Gefahr im Verzug die Staatsanwaltschaft und die Ermittlungspersonen der Staatsanwaltschaft.

Gefahr im Verzug liegt vor, wenn die Anordnung des Gerichts nicht eingeholt werden kann, ohne dass der Erfolg der Maßnahme gefährdet wird

– und damit beispielsweise die Gefahr besteht, dass der zu beschlagnahmende Gegenstand zwischenzeitlich beseitigt oder in seiner Beweisrichtung verändert werden könnte.

III. Formvorschriften:

1. **Bekanntgabe der Maßnahme an den Betroffenen**

2. **§ 98 Abs. 2 S. 2, 5 StPO**

    Bei nicht gerichtlicher Anordnung ist der Betroffene über sein Recht auf Beantragung einer gerichtlichen Entscheidung zu belehren.

3. **§ 98 Abs. 2 S. 1 StPO**

    Einholung der gerichtlichen Bestätigung binnen drei Tagen, wenn bei der Beschlagnahme

    - weder der Betroffene noch ein erwachsener Angehöriger anwesend war oder

    - wenn der Betroffene und im Falle seiner Abwesenheit ein erwachsener Angehöriger des Betroffenen ausdrücklich Widerspruch erhoben hat.

4. **§ 107 S. 2 StPO**

    Ausstellung eines Verzeichnisses oder einer Bescheinigung.

5. **§ 109 StPO**

    Kennzeichnung der Gegenstände.

6. **§ 94 Abs. 4 i.V.m. §§ 111 n und o StPO**

    Herausgabe sichergestellter Gegenstände an denjenigen, dem sie durch die Straftat unmittelbar entzogen worden sind, wenn er bekannt ist, Ansprüche Dritter nicht entgegenstehen und die Gegenstände für das Strafverfahren nicht mehr benötigt werden.

IV. Verhältnismäßigkeit:

Geeignetheit - Erforderlichkeit - Angemessenheit

6.3 Sicherstellung / Beschlagnahme eines Führerscheines als Einziehungsgegenstand

- § 94 Abs. 3 i.V.m. § 94 Abs. 1 oder §§ 94 Abs. 2, 98 StPO -

Eingriffe in Art. 14 Abs. 1 S. 1 GG (Eigentum / Besitz) und

Art. 2 Abs. 1 GG (Allgemeine Handlungsfreiheit)

I.   Anordnungsvoraussetzungen:

1.   **Führerschein einer deutschen Behörde**

Gemäß § 111 a Abs. 3 S. 2 StPO werden Führerscheine aus EU- und EWR-Staaten einem deutschen Führerschein gleichgestellt, sofern der Inhaber seinen ordentlichen Wohnsitz im Inland hat.

Für ausländische Führerscheine, die nicht Absatz 3 S. 2 unterfallen, ist § 111 a Abs. 6 StPO einschlägig.

Zur Terminologie:

- Der Führerschein ist die Urkunde und wird gemäß § 94 StPO sichergestellt.
- Die Fahrerlaubnis ist die Berechtigung, das Fahrzeug führen zu dürfen, und wird gemäß § 111 a StPO vorläufig entzogen (endgültig erst mit rechtskräftigem Strafurteil).

---

2.   **Voraussetzungen des § 111 a StPO i.V.m. § 69 StGB:**

a)   **Dringende Gründe für die Annahme des Entzuges der Fahrerlaubnis (§ 111 a Abs. 1 S. 1 StPO).**

Unter *dringenden Gründen* wird wie beim dringenden Tatverdacht die hohe Wahrscheinlichkeit verstanden, dass die Fahrerlaubnis entzogen werden wird; ein einfacher Tatverdacht reicht hierfür nicht aus.

Der Entzug der Fahrerlaubnis ergibt sich aus § 69 StGB, dessen Voraussetzungen vorliegen müssen.

b)   **Voraussetzungen des § 69 Abs. 1 StGB:**

- **Rechtswidrige Straftat,**

    - die Anlasstat muss eine Straftat (§ 11 Abs. 1 Nr. 5 StGB) sein, eine Ordnungswidrigkeit reicht insoweit nicht aus.

    Entziehungen der Fahrerlaubnis ohne eine solche Anlasstat sind nach § 3 StVG möglich -

- **bei oder im Zusammenhang mit dem Führen eines Kraftfahrzeuges**

    - ein Zusammenhang kommt insbesondere dann in Betracht, wenn ein Kraftfahrzeug zur Vorbereitung oder Durchführung einer Straftat benutzt wird (z.B. Abtransport der Diebesbeute) -

    oder

    unter Verletzung der Pflichten eines Kraftfahrzeugführers

    - hier lenkt der Täter das Fahrzeug nicht selbst, ist eventuell noch nicht einmal Mitfahrer, überlässt aber z.B. seiner führerscheinlosen Ehefrau oder einem Betrunkenen das Fahrzeug -

- **und es ergibt sich aus der Tat, dass der Täter zum Führen eines Kraftfahrzeuges ungeeignet ist.**

    Die mangelnde Eignung kann sich daraus ergeben, dass der Täter aufgrund geistiger oder körperlicher Mängel nicht in der Lage ist, ein Kraftfahrzeug sicher zu führen, oder ihm aber die erforderliche charakterliche Zuverlässigkeit fehlt (bloße Verstöße gegen Halterpflichten genügen insoweit nicht).

    In § 69 Abs. 2 StGB sind als Regelfälle einige Verkehrsstraftaten aufgeführt, bei denen der Gesetzgeber grundsätzlich von einer Ungeeignetheit zum Führen eines Kraftfahrzeuges ausgeht.

3.   **Sicherstellung oder Beschlagnahme**

II.   <u>**Anordnungsbefugnis:**</u>

1.   **§ 94 Abs. 3 i.V.m. § 94 Abs. 1 StPO**

    Bei der formlosen Sicherstellung Staatsanwaltschaft und jeder Polizeibeamte (nicht notwendig Ermittlungspersonen der Staatsanwaltschaft)

oder

2. **§ 94 Abs. 3 i.V.m. §§ 94 Abs. 2, 98 Abs. 1 StPO**

Bei einer Beschlagnahme das Gericht, bei Gefahr im Verzug die Staatsanwaltschaft und die Ermittlungspersonen der Staatsanwaltschaft.

Grundsätzlich liegt *Gefahr im Verzug* vor, wenn die Anordnung des Gerichts nicht eingeholt werden kann, ohne dass der Erfolg der Maßnahme gefährdet wird. Bei der Beschlagnahme eines Führerscheines genügt es darüber hinausgehend auch, dass die Gefahr besteht, der Verdächtige „werde ohne die Abnahme des Führerscheines weitere Trunkenheitsfahrten unternehmen oder sonst Verkehrsvorschriften in schwerwiegender Weise verletzen" (BGHSt 22, 385).

III. **Formvorschriften:**

1. **Bekanntgabe der Maßnahme an den Betroffenen**
2. **§ 98 Abs. 2 S. 2, 5 StPO**

Bei nicht gerichtlicher Anordnung ist der Betroffene über sein Recht auf Beantragung einer gerichtlichen Entscheidung zu belehren (gilt nur bei einer Beschlagnahme).

3. **§ 111 a Abs. 4 StPO**

Auf Antrag des Betroffenen nach § 98 Abs. 2 S. 2 StPO entscheidet das nach § 98 Abs. 2 S. 3 und 4 StPO zuständige Gericht nicht über die Zulässigkeit der Beschlagnahme, sondern ordnet die vorläufige Entziehung der Fahrerlaubnis an oder lehnt sie ab (gilt nur bei einer Beschlagnahme).

4. **§ 107 S. 2 StPO**

Ausstellung eines Verzeichnisses.

5. **§ 111 a Abs. 5 StPO**

Voraussetzungen für die Rückgabe des Führerscheines.

IV. **Verhältnismäßigkeit:**

Geeignetheit - Erforderlichkeit - Angemessenheit

6.4   Beschlagnahmefreie Gegenstände - § 97 StPO

Das Beschlagnahmeverbot knüpft an die Zeugnisverweigerungsrechte gemäß §§ 52, 53, 53 a StPO an und soll ihre Umgehung verhindern. Es bezieht sich nur auf Beweismittel, d.h. Einziehungsgegenstände können nach §§ 111 b ff. StPO auch bei zeugnisverweigerungsberechtigten Personen beschlagnahmt werden.

Beachte:

Ausgangspunkt kann immer nur die Beschlagnahme nach § 94 Abs. 2 i.V.m. § 98 StPO sein: Denn die freiwillige Herausgabe der Sache durch den Zeugnisverweigerungsberechtigten enthält einen Verzicht auf das Beschlagnahmeverbot. Die Sicherstellung ist dann zulässig - auch wenn der Gewahrsamsinhaber gegen § 203 StGB verstößt -, erfordert aber eine entsprechende Belehrung.

Voraussetzungen des § 97 StPO:

1. **Schriftliche Mitteilungen, Aufzeichnungen oder andere Gegenstände i.S.d. § 97 Abs. 1 Nr. 1 bis 3 StPO**

    Schriftliche Mitteilungen sind alle Gedankenäußerungen, die ein Absender einem Empfänger zukommen lässt (z.B. Briefe).

    Aufzeichnungen sind auf Papier oder anderem Material festgehaltene mündliche Mitteilungen oder andere sinnliche Wahrnehmungen, die keine Mitteilungen an Dritte enthalten (z.B. Krankenblätter).

    Andere Gegenstände sind etwa Fremdkörper, die der Arzt aus dem Körper des Beschuldigten entfernt hat, technische Untersuchungsbefunde (z.B. Röntgenaufnahmen), Sachverständigengutachten oder Geschäftsunterlagen.

2. **Der Gegenstand befindet sich im Gewahrsam der zeugnisverweigerungsberechtigten Person (§ 97 Abs. 2 S. 1 StPO).**

3. **Die zeugnisverweigerungsberechtigte Person darf gemäß § 97 Abs. 2 S. 2 StPO nicht selbst im Verdacht stehen, an der Tat oder an einer Datenhehlerei, Begünstigung, Strafvereitelung oder Hehlerei beteiligt zu sein.**

Der *Verdacht* muss sich auf bestimmte Tatsachen gründen, bloße Vermutungen genügen nicht.

4. **Es darf sich nicht um einen sogenannten Deliktsgegenstand handeln (§ 97 Abs. 2 S. 2 StPO).**

   Das sind solche, die durch eine Straftat hervorgebracht oder zur Begehung einer Straftat gebraucht oder bestimmt sind oder die aus einer Straftat herrühren.

5. **Auch eine Entbindung von der Schweigepflicht (§ 53 Abs. 2 StPO) seitens des Beschuldigten darf nicht vorliegen, da diese das Beschlagnahmeverbot entfallen lassen würde.**

Konsequenz: Liegen diese Voraussetzungen vor, darf nicht beschlagnahmt werden!

Merke: § 148 StPO im Bereich des Verteidigers beachten!

7. Rasterfahndung - § 98 a StPO

Eingriff in Art. 2 Abs. 1 i.V.m. Art. 1 Abs. 1 GG (Recht auf informationelle Selbstbestimmung)

Im Unterschied zu § 163 d StPO erlaubt § 98 a StPO den Zugriff auf vorhandene Bestände personenbezogener Daten außerhalb der Strafverfolgungsbehörden - also anderer öffentlicher und privater Stellen, die Daten aus anderen Gründen gespeichert haben - nach bestimmten, auf den Täter vermutlich zutreffenden Prüfungsmerkmalen (sogenannten Rastern).

I.   Anordnungsvoraussetzungen:

1.   **Zureichende tatsächliche Anhaltspunkte einer Straftat von erheblicher Bedeutung i.S.d. § 98 a Abs. 1 S. 1 Nr. 1 bis 6 StPO**

Ein bestimmter Grad des Tatverdachtes wird nicht gefordert; demnach genügt ein einfacher Tatverdacht.

Eine Straftat ist dann von *erheblicher Bedeutung*, wenn sie mindestens dem Bereich der mittleren Kriminalität zugeordnet werden kann, den Rechtsfrieden empfindlich stört und dazu geeignet ist, das Gefühl der Rechtssicherheit der Bevölkerung erheblich zu beeinträchtigen.

2.   **Befugnis:**

Maschinell - automatisierter Datenabgleich vorhandener personenbezogener Daten von Personen, die bestimmte auf den Täter vermutlich zutreffende Suchkriterien erfüllen, um so

a)   **Nichtverdächtige auszuschließen (negative Rasterfahndung)**
und / oder

b)   **Personen mit tätertypischen Merkmalen festzustellen, die als Tatverdächtige in Frage kommen (positive Rasterfahndung).**

Auf diese Weise ist es möglich, aus einer Vielzahl von Personen diejenigen herauszufiltern, die zunächst mit dem gesuchten Täter gemeinsame Merkmale aufweisen. Sodann wird auf herkömmliche Weise gegen diesen eingegrenzten „Täterkreis" ermittelt.

3.   **Subsidiaritätsgrundsatz gemäß § 98 a Abs. 1 S. 2 StPO:**

Die Erforschung des Sachverhalts oder die Ermittlung des Aufenthaltsortes des Täters muss auf andere Weise erheblich weniger erfolgversprechend (Erfolgsprognose) oder wesentlich erschwert (Verfahrensverzögerung) sein.

II. Anordnungsbefugnis:

§ 98 b Abs. 1 S. 1 bis 3 StPO

Gericht (ausschließlich bei § 98 b Abs. 1 S. 7 i.V.m. § 98 Abs. 1 S. 2 StPO), bei Gefahr im Verzug die Staatsanwaltschaft.

Gefahr im Verzug liegt vor, wenn die Anordnung des Gerichts nicht eingeholt werden kann, ohne dass der Erfolg der Maßnahme gefährdet wird.

Hat die Staatsanwaltschaft die Anordnung getroffen, muss sie gemäß § 98 b Abs. 1 S. 2 StPO unverzüglich die gerichtliche Bestätigung der Anordnung beantragen. Die Anordnung der Staatsanwaltschaft tritt entsprechend § 98 b Abs. 1 S. 3 StPO außer Kraft, wenn sie nicht binnen drei Werktagen von dem Gericht bestätigt wird.

III. Formvorschriften:

1. **§ 98 a Abs. 2 bis 4 StPO**
   Mitwirkungspflicht der speichernden Stelle.

2. **§ 98 b Abs. 1 S. 4, 5 StPO**
   Anordnungsform der Maßnahme.

3. **§ 98 b Abs. 1 S. 6 StPO**
   Die Übermittlung von Daten, deren Verwendung besondere bundesgesetzliche oder entsprechende landesgesetzliche Verwendungsregelungen entgegenstehen (z.B. § 30 Abs. 1 AO oder § 39 PostG), darf nicht angeordnet werden.

4. **§ 98 b Abs. 1 S. 7 StPO**
   Die Beschränkungen der §§ 96, 97 StPO sind zu beachten, d.h. nach § 96 StPO gesperrte und nach § 97 StPO beschlagnahmefreie Daten dürfen nicht in den Datenabgleich einbezogen werden.

5. **§ 98 b Abs. 2 StPO**
   Anordnung von Ordnungs- und Zwangsmitteln.

6. **§ 98 b Abs. 3 S. 1 StPO**
   Sind die Daten auf Datenträgern übermittelt worden, so sind diese nach Beendigung des Abgleichs unverzüglich an die Stelle zurückzugeben, die die Daten gespeichert hatte.

7. **§ 98 b Abs. 3 S. 2 StPO**

Auf andere Datenträger übertragene personenbezogene Daten sind unverzüglich zu löschen, sobald sie für das Strafverfahren nicht mehr benötigt werden.

8. **§ 98 b Abs. 4 S. 2 StPO**

Benachrichtigung der zuständigen Datenschutzbehörde nach Beendigung einer Maßnahme.

9. **§ 101 Abs. 1, Abs. 4 S. 1 Nr. 1, S. 2, Abs. 5 S. 1 StPO**

Grundsätzlich bestehende **Benachrichtigungspflicht** der betroffenen Person, gegen die nach Auswertung der Daten weitere Ermittlungen geführt wurden (§ 101 Abs. 1, Abs. 4 S. 1 Nr. 1 StPO), sobald dies ohne Gefährdung des Untersuchungszwecks, des Lebens, der körperlichen Unversehrtheit und der persönlichen Freiheit einer Person und von bedeutenden Vermögenswerten möglich ist (§ 101 Abs. 5 S. 1 StPO).

Dabei ist auf die Möglichkeit nachträglichen Rechtsschutzes nach Absatz 7 S. 2 und die dafür vorgesehene Frist hinzuweisen (§ 101 Abs. 4 S. 2 StPO).

Für den Fall der **Zurückstellung einer Benachrichtigung** vgl. § 101 Abs. 5 S. 2, Abs. 6 StPO.

Die **Benachrichtigung unterbleibt**, wenn ihr überwiegende schutzwürdige Belange einer betroffenen Person entgegenstehen (§ 101 Abs. 4 S. 3 StPO).

10. **§ 101 Abs. 3 S. 1 StPO**

Die durch die Maßnahme resultierenden personenbezogenen Daten sind als solche zu kennzeichnen.

11. **§ 101 Abs. 8 S. 1 StPO**

Die durch die Maßnahme resultierenden personenbezogenen Daten sind, sofern sie zur Strafverfolgung und für eine etwaige gerichtliche Überprüfung nicht mehr erforderlich sind, unverzüglich zu löschen.

12. **§ 479 Abs. 2 StPO**

Verwendungsregelung von Zufallserkenntnissen.

IV. **Verhältnismäßigkeit:**

Geeignetheit - Erforderlichkeit - Angemessenheit

8. Datenabgleich - § 98 c StPO

Eingriff in Art. 2 Abs. 1 i.V.m. Art. 1 Abs. 1 GG (Recht auf informationelle Selbstbestimmung)

Die Vorschrift erlaubt den Abgleich personenbezogener Daten aus einem Strafverfahren mit Daten, die bereits bei der Gefahrenabwehr, bei der Strafverfolgung oder der Strafvollstreckung gewonnen worden sind. Auch Daten aus Melderegistern, insbesondere der Einwohnermeldeämter, werden davon erfasst.

Der Datenabgleich gemäß § 98 c StPO betrifft mithin den *justizinternen* Datenabgleich, wohingegen es sich bei der Rasterfahndung gemäß § 98 a StPO um den Abgleich von *justizexternen* Daten handelt.

I. Anordnungsvoraussetzungen:

1. Einfacher Tatverdacht

Konkrete, tatsächliche Anhaltspunkte für das Vorliegen einer verfolgbaren Straftat.

2. Befugnis:

Maschinell - automatisierter Datenabgleich vorhandener personenbezogener Daten aus einem Strafverfahren mit anderen zur Strafverfolgung oder Strafvollstreckung oder zur Gefahrenabwehr gespeicherter Daten

a) **zur Aufklärung einer Straftat**

oder

b) **zur Ermittlung des Aufenthaltsortes einer Person, nach der für Zwecke des Strafverfahrens gefahndet wird.**

Diese *Person* kann ein Beschuldigter, ein Zeuge oder ein Sachverständiger sein.

II. Anordnungsbefugnis:

Staatsanwaltschaft und jeder Polizeibeamte

(nicht notwendig Ermittlungspersonen der Staatsanwaltschaft)

III. **Formvorschrift:**

§ 98 c S. 2 StPO

Der Datenabgleich ist unzulässig, wenn ihm besondere bundesgesetzliche oder entsprechende landesgesetzliche Verwendungsregelungen entgegenstehen (z.B. § 30 Abs. 1 AO oder § 39 PostG).

Auch strafprozessuale Schutzvorschriften (z.B. §§ 52 ff., 97, 148 StPO) können die Verwertung hindern.

IV. **Verhältnismäßigkeit:**

Geeignetheit - Erforderlichkeit - Angemessenheit

9.1 Überwachung der Telekommunikation - § 100 a StPO

Eingriffe in Art. 10 GG (Post- und Fernmeldegeheimnis) und
Art. 2 Abs. 1 i.V.m. Art 1. Abs. 1 GG (Allgemeines Persönlichkeitsrecht)

I.   **Anordnungsvoraussetzungen:**

1.   **Konkreter, einfacher Tatverdacht, dass jemand als Täter oder Teilnehmer eine in § 100 a Abs. 2 Nr. 1 bis 11 StPO bezeichnete schwere Straftat**

a)   **begangen hat,**

b)   **versucht hat,**

c)   **vorbereitet hat.**

Es müssen bestimmte Tatsachen vorliegen, die den Verdacht einer solchen Katalog- oder Vorbereitungstat begründen (§ 100 a Abs. 1 Nr. 1 StPO).

Tatsachen sind nachvollziehbare Fakten, die dazu geeignet sind, einen Tatverdacht zu tragen.

2.   **Die Tat muss auch im Einzelfall schwer wiegen.**

In § 100 a Abs. 1 Nr. 2 StPO wird klargestellt, dass die Anlasstat nicht nur abstrakt, sondern auch im konkreten Einzelfall schwer wiegen muss.

Damit sollen die Fälle ausgeschieden werden, die zwar eine Katalogtat zum Gegenstand haben, aber mangels hinreichender Schwere im konkreten Einzelfall den mit einer Telekommunikationsüberwachung verbundenen Eingriff in das Fernmeldegeheimnis nicht zu rechtfertigen vermögen.

3.   **Adressaten der Maßnahme gemäß § 100 a Abs. 3 StPO:**

a)   **Der als Täter/Teilnehmer Beschuldigte**

Das ist der Tatverdächtige, gegen den polizeiliche oder staatsanwaltschaftliche Ermittlungen wegen des Verdachts einer strafbaren Handlung geführt werden.

Zur Ermittlung des Aufenthaltsortes kann die Maßnahme aber auch gegen Angeschuldigte und Angeklagte (vgl. § 157 StPO) getroffen werden sowie gegen rechtskräftig Verurteilte.

b)   **Tatunverdächtige Personen:**

- **Nachrichtenmittler**

  Unter einem Nachrichtenmittler ist eine nichttatverdächtige Person zu verstehen, von der aufgrund von Tatsachen anzunehmen ist, dass sie für den Beschuldigten bestimmte oder von ihm herrührende Mitteilungen entgegennimmt oder weiterleitet.

  Es kann sich hier z.B. um Ehegatten, Freunde oder Kollegen handeln.

- **Anschlussüberlasser**

  Zulässig ist eine Telekommunikationsüberwachung aber auch bei solchen Personen, von denen aufgrund von Tatsachen anzunehmen ist, dass der Beschuldigte mit oder ohne ihr Wissen deren Anschluss oder ihr informationstechnisches System benutzt, wie dies bei Freunden oder Nachbarn der Fall sein kann.

  Unter einem *informationstechnischen System* ist ein System zu verstehen, das aus Hard- und Software sowie aus Daten besteht und der Erfassung, Speicherung, Verarbeitung, Übertragung und Anzeige von Informationen und Daten dient (z.B. Smartphone oder Notebook).

Beachte:

Die Zeugnisverweigerungsrechte der Angehörigen gemäß § 52 StPO stehen der Überwachung und Verwertung nicht entgegen.

Für die zeugnisverweigerungsberechtigten Berufsgeheimnisträger gemäß §§ 53, 53 a StPO findet sich eine Regelung in § 160 a StPO: Hiernach ist die Anordnung teilweise untersagt.

---

4.   **Befugnisse:**

Überwachung und Aufzeichnung der Telekommunikation
– auch ohne Wissen der Betroffenen.

5. **Subsidiaritätsgrundsatz gemäß § 100 a Abs. 1 Nr. 3 StPO:**

Die Erforschung des Sachverhalts oder die Ermittlung des Aufenthaltsortes des Beschuldigten muss auf andere Weise wesentlich erschwert (Verfahrensverzögerung) oder aussichtslos (Erfolgsprognose) sein.

Beachte:

§ 100 d Abs. 1 und 2 StPO trifft Regelungen zum Schutz des Kernbereichs privater Lebensgestaltung bei Telekommunikationsüberwachungsmaßnahmen.

§ 100 d Abs. 1 StPO stellt klar, dass eine Telekommunikationsüberwachung unzulässig ist, wenn tatsächliche Anhaltspunkte für die Annahme vorliegen, dass durch die Überwachung allein Erkenntnisse aus dem Kernbereich privater Lebensgestaltung erlangt würden. Gemäß § 100 d Abs. 2 S. 1 StPO dürfen Erkenntnisse aus diesem Kernbereich nicht verwertet werden.

Mit dem Verwertungsverbot korrespondiert die in § 100 d Abs. 2 S. 2 StPO dargelegte Pflicht, durch einen Eingriff in den Kernbereich erlangte Erkenntnisse unverzüglich zu löschen. Gemäß § 100 d Abs. 2 S. 3 StPO ist die Tatsache der Erlangung und der Löschung solcher Erkenntnisse aktenkundig zu machen.

II. **Anordnungsbefugnis:**

§ 100 e Abs. 1 S. 1 bis 3 StPO

Auf Antrag der Staatsanwaltschaft das Gericht, bei Gefahr im Verzug die Staatsanwaltschaft.

Gefahr im Verzug liegt vor, wenn die Anordnung des Gerichts nicht eingeholt werden kann, ohne dass der Erfolg der Maßnahme gefährdet wird.

Die Anordnung der Staatsanwaltschaft tritt gemäß § 100 e Abs. 1 S. 3 StPO außer Kraft, wenn sie nicht binnen drei Werktagen von dem Gericht bestätigt wird.

III. Formvorschriften:

1. **§ 100 a Abs. 4 StPO**

   Mitwirkungspflicht der Betreiber von Telekommunikationsdiensten.

2. **§ 100 a Abs. 5 StPO**

   Technische Erfordernisse bei Maßnahmen gemäß § 100 a Abs. 1 S. 2 und 3 StPO.

3. **§ 100 a Abs. 6 StPO**

   Protokollierung des Einsatzes des technischen Mittels.

4. **§ 100 e Abs. 1 S. 4 und 5 StPO**

   Zeitliche Begrenzung der Maßnahme auf höchstens drei Monate mit der Möglichkeit einer Verlängerung um jeweils nicht mehr als drei Monate.

5. **§ 100 e Abs. 3 und 4 StPO**

   Anordnungsform der Maßnahme unter besonderer Beachtung von Absatz 3 Nr. 5.

6. **§ 100 e Abs. 5 StPO**

   Voraussetzungen zur Beendigung der Maßnahme verbunden mit der Verpflichtung, nach Beendigung der Maßnahme das anordnende Gericht über die Ergebnisse der Überwachung zu unterrichten.

7. **§ 101 Abs. 1, Abs. 4 S. 1 Nr. 3, S. 2, Abs. 5 S. 1 StPO**

   Grundsätzlich bestehende **Benachrichtigungspflicht** der Beteiligten der überwachten Telekommunikation (§ 101 Abs. 1, Abs. 4 S. 1 Nr. 3 StPO), sobald dies ohne Gefährdung des Untersuchungszwecks, des Lebens, der körperlichen Unversehrtheit und der persönlichen Freiheit einer Person und von bedeutenden Vermögenswerten möglich ist (§ 101 Abs. 5 S. 1 StPO).

   Dabei ist auf die Möglichkeit nachträglichen Rechtsschutzes nach Absatz 7 S. 2 und die dafür vorgesehene Frist hinzuweisen (§ 101 Abs. 4 S. 2 StPO).

   Für den Fall der **Zurückstellung einer Benachrichtigung** vgl. § 101 Abs. 5 S. 2, Abs. 6 StPO.

   Die **Benachrichtigung unterbleibt**, wenn ihr überwiegende schutzwürdige Belange einer betroffenen Person entgegenstehen. Zudem kann die Benachrichtigung einer an der überwachten Telekommunikation beteiligten Person unterbleiben, wenn diese von der Maßnahme nur unerheblich betroffen wurde und anzunehmen ist, dass sie kein Interesse an einer Benachrichtigung hat (§ 101 Abs. 4 S. 3 und 4 StPO).

8. **§ 101 Abs. 3 S. 1 StPO**

Die durch die Maßnahme resultierenden personenbezogenen Daten sind als solche zu kennzeichnen.

9. **§ 101 Abs. 8 S. 1 StPO**

Die durch die Maßnahme resultierenden personenbezogenen Daten sind, sofern sie zur Strafverfolgung und für eine etwaige gerichtliche Überprüfung nicht mehr erforderlich sind, unverzüglich zu löschen.

10. **§ 101 b Abs. 1 und 2 StPO**

Jährliche Berichtspflicht der Länder und des Generalbundesanwalts gegenüber dem Bundesamt für Justiz.

11. **§ 479 Abs. 2 StPO**

Verwendungsregelung von Zufallserkenntnissen.

IV. **Verhältnismäßigkeit:**

Geeignetheit - Erforderlichkeit - Angemessenheit

Beachte:

§ 100 a Abs. 1 S. 2 und 3 StPO regelt die sogenannte „**Quellen - Telekommunikationsüberwachung**" (Quellen-TKÜ):

Dabei wird auf dem Computer, mit der die zu überwachende Kommunikation getätigt wird, heimlich ein Programm installiert, welches die Kommunikation vor der Verschlüsselung mitschneidet und an die Ermittlungsbehörde übermittelt. Die dazu nötige „Entschlüsselungs-Spionagesoftware" wird auch Bundestrojaner genannt. Damit kann u.a. die sogenannte Internet-Telefonie, beispielsweise über Skype, entschlüsselt werden.

9.2 Online-Durchsuchung - § 100 b StPO

Eingriffe in Art. 10 GG (Post- und Fernmeldegeheimnis) und
Art. 2 Abs. 1 i.V.m. Art 1. Abs. 1 GG (Allgemeines Persönlichkeitsrecht)

I.   Anordnungsvoraussetzungen:

1.   **Konkreter, einfacher Tatverdacht, dass jemand als Täter oder Teilnehmer eine in § 100 b Abs. 2 Nr. 1 bis 7 StPO bezeichnete schwere Straftat**

a)   **begangen**

oder

b)   **versucht hat.**

Es müssen bestimmte Tatsachen vorliegen, die den Verdacht einer solchen Katalogtat begründen (§ 100 b Abs. 1 Nr. 1 StPO).

Tatsachen sind nachvollziehbare Fakten, die dazu geeignet sind, einen Tatverdacht zu tragen.

Anders als bei der Telekommunikationsüberwachung reicht die Vorbereitung der Katalogtat nicht aus.

2.   **Die Tat muss auch im Einzelfall besonders schwer wiegen.**

In § 100 b Abs. 1 Nr. 2 StPO wird klargestellt, dass die Anlasstat nicht nur abstrakt, sondern auch im konkreten Einzelfall besonders schwer wiegen muss.

Damit sollen die Fälle ausgeschieden werden, die zwar eine Katalogtat zum Gegenstand haben, aber mangels hinreichender Schwere im konkreten Einzelfall den mit dem Eingriff in das informationstechnische System verbundenen erheblichen Grundrechtseingriff nicht zu rechtfertigen vermögen.

3.   **Adressaten der Maßnahme gemäß § 100 b Abs. 3 StPO:**

a)   **Der als Täter/Teilnehmer Beschuldigte**

Das ist der Tatverdächtige, gegen den polizeiliche oder staatsanwaltschaftliche Ermittlungen wegen des Verdachts einer strafbaren Handlung geführt werden.

b)   **Andere Personen,**

wenn aufgrund bestimmter Tatsachen anzunehmen ist, dass der Beschuldigte informationstechnische Systeme der anderen Person benutzt

(§ 100 b Abs. 3 Nr. 1 StPO) und die Durchführung des Eingriffs in informationstechnische Systeme des Beschuldigten allein nicht zur Erforschung des Sachverhalts oder zur Ermittlung des Aufenthaltsortes eines Mitbeschuldigten führen wird (§ 100 b Abs. 3 Nr. 2 StPO).

Beachte:

Nach **§ 100 d Abs. 5 S. 1 StPO** ist die Maßnahme in den Fällen des § 53 StPO grundsätzlich unzulässig.

Gemäß **§ 100 d Abs. 5 S. 3 StPO** gilt bei den nach §§ 52, 53 a StPO Zeugnisverweigerungsberechtigten kein Beweiserhebungsverbot, sondern nur ein eingeschränktes Beweisverwertungsverbot, wenn die Verwertung unter Berücksichtigung der Bedeutung des zugrunde liegenden Vertrauensverhältnisses außer Verhältnis zum Interesse an der Erforschung des Sachverhalts oder der Ermittlung des Aufenthaltsortes eines Beschuldigten steht.

Eine Ausnahme besteht nach **§ 100 d Abs. 5 S. 3 i.V.m. § 160 a Abs. 4 StPO**, wenn die zeugnisverweigerungsberechtigte Person an der Tat oder an einer Datenhehlerei, Begünstigung, Strafvereitelung oder Hehlerei beteiligt ist.

---

4. **Befugnisse:**

   Eingriff in informationstechnische Systeme und Erhebung von Daten hieraus - auch ohne Wissen des Betroffenen.

   Unter einem *informationstechnischen System* ist ein System zu verstehen, das aus Hard- und Software sowie aus Daten besteht und der Erfassung, Speicherung, Verarbeitung, Übertragung und Anzeige von Informationen und Daten dient (z.B. Smartphone oder Notebook).

5. **Subsidiaritätsgrundsatz gemäß § 100 b Abs. 1 Nr. 3 StPO:**

   Die Erforschung des Sachverhalts oder die Ermittlung des Aufenthaltsortes des Beschuldigten muss auf andere Weise wesentlich erschwert (Verfahrensverzögerung) oder aussichtslos (Erfolgsprognose) sein.

Beachte:

- **§ 100 d Abs. 1 und 2 StPO trifft Regelungen zum Schutz des Kernbereichs privater Lebensgestaltung bei Online - Durchsuchungen.**

  § 100 d Abs. 1 StPO stellt klar, dass eine Online - Durchsuchung unzulässig ist, wenn tatsächliche Anhaltspunkte für die Annahme vorliegen, dass durch die Maßnahme allein Erkenntnisse aus dem Kernbereich privater Lebensgestaltung erlangt würden. Gemäß § 100 d Abs. 2 S. 1 StPO dürfen Erkenntnisse aus diesem Kernbereich nicht verwertet werden.

  Mit dem Verwertungsverbot korrespondiert die in § 100 d Abs. 2 S. 2 StPO dargelegte Pflicht, durch einen Eingriff in den Kernbereich erlangte Erkenntnisse unverzüglich zu löschen. Gemäß § 100 d Abs. 2 S. 3 StPO ist die Tatsache der Erlangung und der Löschung solcher Erkenntnisse aktenkundig zu machen.

- Bei einer Online - Durchsuchung ist zudem **§ 100 d Abs. 3 S. 1 StPO** zu beachten, wonach, soweit möglich, technisch sicherzustellen ist, dass Daten, die den Kernbereich privater Lebensgestaltung betreffen, nicht erhoben werden. Wurden solche Erkenntnisse erlangt, sind sie unverzüglich zu löschen oder von der Staatsanwaltschaft dem anordnenden Gericht zur Entscheidung über die Verwertbarkeit und Löschung der Daten vorzulegen (§ 100 d Abs. 3 S. 2 StPO).

II. Anordnungsbefugnis:

§ 100 e Abs. 2 S. 1 bis 3 StPO

Auf Antrag der Staatsanwaltschaft die Strafkammer des Landgerichts, in dessen Bezirk die Staatsanwaltschaft ihren Sitz hat, bei Gefahr im Verzug deren Vorsitzender.

Gefahr im Verzug liegt vor, wenn die Anordnung der Strafkammer nicht eingeholt werden kann, ohne dass der Erfolg der Maßnahme gefährdet wird.

Die Anordnung des Vorsitzenden tritt gemäß § 100 e Abs. 2 S. 3 StPO außer Kraft, wenn sie nicht binnen drei Werktagen von der Strafkammer bestätigt wird.

III.   Formvorschriften:

1.   **§ 100 b Abs. 4 i.V.m. § 100 a Abs. 5 StPO**

Technische Erfordernisse der Maßnahme.

2.   **§ 100 a Abs. 6 StPO**

Protokollierung des Einsatzes des technischen Mittels.

3.   **§ 100 e Abs. 2 S. 4 bis 6 StPO**

Zeitliche Begrenzung der Maßnahme auf höchstens einen Monat mit der Möglichkeit einer Verlängerung um jeweils nicht mehr als einen Monat. Ist die Dauer der Anordnung um insgesamt sechs Monate verlängert worden, so entscheidet über weitere Verlängerungen das Oberlandesgericht.

4.   **§ 100 e Abs. 3 und 4 StPO**

Anordnungsform der Maßnahme unter besonderer Beachtung von Absatz 3 Nr. 6.

5.   **§ 100 e Abs. 5 StPO**

Voraussetzungen zur Beendigung der Maßnahme verbunden mit der Verpflichtung, nach Beendigung der Maßnahme das anordnende Gericht über die Ergebnisse der Überwachung zu unterrichten. Zudem ist das anordnende Gericht auch über den Verlauf zu unterrichten.

6.   **§ 100 e Abs. 6 StPO**

Voraussetzungen der Verwertbarkeit der erlangten personenbezogenen Daten für andere Zwecke.

7.   **§ 101 Abs. 1, Abs. 4 S. 1 Nr. 3, S. 2, Abs. 5 S. 1 StPO**

Grundsätzlich bestehende **Benachrichtigungspflicht** der Beteiligten (§ 101 Abs. 1, Abs. 4 S. 1 Nr. 3 StPO), sobald dies ohne Gefährdung des Untersuchungszwecks, des Lebens, der körperlichen Unversehrtheit und der persönlichen Freiheit einer Person und von bedeutenden Vermögenswerten möglich ist (§ 101 Abs. 5 S. 1 StPO).

Dabei ist auf die Möglichkeit nachträglichen Rechtsschutzes nach Absatz 7 S. 2 und die dafür vorgesehene Frist hinzuweisen (§ 101 Abs. 4 S. 2 StPO).

Für den Fall der **Zurückstellung einer Benachrichtigung** vgl. § 101 Abs. 5 S. 2, Abs. 6 StPO.

Die **Benachrichtigung unterbleibt**, wenn ihr überwiegende schutzwürdige Belange einer betroffenen Person entgegenstehen. Zudem kann die Benachrichtigung einer an der Online - Durchsuchung beteiligten Person unterbleiben, wenn diese von der Maßnahme nur unerheblich betroffen wurde und anzunehmen ist, dass sie kein Interesse an einer Benachrichtigung hat (§ 101 Abs. 4 S. 3 und 4 StPO).

8. **§ 101 Abs. 3 S. 1 StPO**

   Die durch die Maßnahme resultierenden personenbezogenen Daten sind als solche zu kennzeichnen.

9. **§ 101 Abs. 8 S. 1 StPO**

   Die durch die Maßnahme resultierenden personenbezogenen Daten sind, sofern sie zur Strafverfolgung und für eine etwaige gerichtliche Überprüfung nicht mehr erforderlich sind, unverzüglich zu löschen.

10. **§ 101 b Abs. 1 und 3 StPO**

    Jährliche Berichtspflicht der Länder und des Generalbundesanwalts gegenüber dem Bundesamt für Justiz.

11. **§ 479 Abs. 2 und 3 StPO**

    Verwendungsregelung von Zufallserkenntnissen.

IV. Verhältnismäßigkeit:

Geeignetheit - Erforderlichkeit - Angemessenheit

Beachte:

Die Maßnahme darf auch durchgeführt werden, wenn andere Personen unvermeidbar betroffen werden (§ 100 b Abs. 3 S. 3 StPO).

9.3 Verwertung von Zufallserkenntnissen aus einer rechtmäßigen Telekommunikationsüberwachung

Zufallserkenntnisse über andere Katalogtaten
— gegen den Beschuldigten → unmittelbar verwertbar
— gegen Dritte → unmittelbar verwertbar

Zufallserkenntnisse über Nichtkatalogtaten, die im Zusammenhang mit einer Katalogtat stehen (sog. Zusammenhangstat).
— gegen den Beschuldigten → unmittelbar verwertbar
— gegen Dritte → unmittelbar verwertbar

Zufallserkenntnisse über Nichtkatalogtaten, die nicht im Zusammenhang mit einer Katalogtat stehen.
— gegen den Beschuldigten → mittelbar verwertbar
— gegen Dritte → mittelbar verwertbar

10. Wohnraumüberwachung - § 100 c StPO

Eingriffe in Art. 2 Abs. 1 i.V.m. Art. 1 Abs. 1 GG (Allgemeines Persönlichkeitsrecht)
und Art. 13 Abs. 1 GG (Unverletzlichkeit der Wohnung)

I. **Anordnungsvoraussetzungen:**

1. **Konkreter, einfacher Tatverdacht, dass jemand als Täter oder Teilnehmer eine in § 100 b Abs. 2 Nr. 1 bis 7 StPO bezeichnete besonders schwere Straftat**

   a) **begangen hat,**

   b) **versucht hat.**

   Es müssen bestimmte Tatsachen vorliegen, die den Verdacht einer solchen Katalogtat begründen (§ 100 c Abs. 1 Nr. 1 StPO).

   Tatsachen sind nachvollziehbare Fakten, die dazu geeignet sind, einen Tatverdacht zu tragen.

   Anders als bei der Telekommunikationsüberwachung reicht die Vorbereitung der Katalogtat nicht aus.

2. **Die Tat muss auch im Einzelfall besonders schwer wiegen.**

   In § 100 c Abs. 1 Nr. 2 StPO wird klargestellt, dass die Anlasstat nicht nur abstrakt, sondern auch im konkreten Einzelfall besonders schwer im Sinne des Art. 13 Abs. 3 GG wiegen muss.

   Damit sollen die Fälle ausgeschieden werden, die zwar eine Katalogtat zum Gegenstand haben, aber mangels besonderer Schwere im konkreten Einzelfall den mit einer Wohnraumüberwachung verbundenen Eingriff nicht zu rechtfertigen vermögen.

3. **Adressaten der Maßnahme gemäß § 100 c Abs. 2 S. 1 und S. 2 StPO:**

   a) **Wohnung des Beschuldigten**

   b) In **anderen Wohnungen** nur

   - **wenn aufgrund bestimmter Tatsachen die Erfolgsaussicht besteht, dass sich der Beschuldigte dort aufhält und**

- die Maßnahme in Wohnungen des Beschuldigten allein nicht zur Erforschung des Sachverhalts oder zur Ermittlung des Aufenthaltsortes eines Mitbeschuldigten führen wird.

Beachte:

Nach **§ 100 d Abs. 5 S. 1 StPO** ist die Maßnahme in den Fällen des § 53 StPO grundsätzlich unzulässig.

Gemäß **§ 100 d Abs. 5 S. 3 StPO** gilt bei den nach §§ 52, 53 a StPO Zeugnisverweigerungsberechtigten kein Beweiserhebungsverbot, sondern nur ein eingeschränktes Beweisverwertungsverbot, wenn die Verwertung unter Berücksichtigung der Bedeutung des zugrunde liegenden Vertrauensverhältnisses außer Verhältnis zum Interesse an der Erforschung des Sachverhalts oder der Ermittlung des Aufenthaltsortes eines Beschuldigten steht.

Eine Ausnahme besteht nach **§ 100 d Abs. 5 S. 3 i.V.m. § 160 a Abs. 4 StPO**, wenn die zeugnisverweigerungsberechtigte Person an der Tat oder an einer Datenhehlerei, Begünstigung, Strafvereitelung oder Hehlerei beteiligt ist.

---

4. **Befugnisse:**

Abhören und Aufzeichnen des nichtöffentlich gesprochenen Wortes mit technischen Mitteln innerhalb von Wohnungen - auch ohne Wissen der Betroffenen.

Nichtöffentlich sind alle innerhalb des Schutzbereiches des Art. 13 GG geführten Unterredungen, die für niemand anderen als den Gesprächspartner bestimmt sind.

Als *technische Mittel* kommen hier vor allem Wanzen, versteckte Mikrophone und Aufzeichnungsgeräte in Betracht.

Die mit der Anbringung des Mittels notwendig verbundene Beeinträchtigung des Betroffenen durch typischerweise mit dem Abhören verbundene Vorbereitungs- und Begleitmaßnahmen ist durch die Vorschrift mit abgedeckt.

5. **Nach § 100 c Abs. 1 Nr. 3 StPO muss die Maßnahme zur Aufklärung der konkreten Tat geeignet sein.**

§ 100 c Abs. 1 Nr. 3 StPO bestimmt, dass aufgrund tatsächlicher Anhaltspunkte anzunehmen sein muss, dass durch die Überwachung Äußerungen des Beschuldigten erfasst werden, die für die Erforschung des Sachverhalts oder die Ermittlung des Aufenthaltsortes eines Mitbeschuldigten von Bedeutung sind.

Die Maßnahme ist daher nur zulässig, wenn sie von vornherein auf die Erfassung von Äußerungen des Beschuldigten gerichtet ist, weil nur dann angenommen werden kann, dass die erfassten Äußerungen einen hinreichenden Bezug zur verfolgten Straftat aufweisen. Dafür müssen tatsächliche Anhaltspunkte vorliegen, kriminalistische Erfahrungswerte sollen aber ausreichend sein.

6. **Subsidiaritätsgrundsatz gemäß § 100 c Abs. 1 Nr. 4 StPO**

Die Erforschung des Sachverhalts oder die Ermittlung des Aufenthaltsortes eines Mitbeschuldigten muss auf andere Weise unverhältnismäßig erschwert oder aussichtslos sein.

Beachte:

- **§ 100 d Abs. 1 und 2 StPO trifft eine Regelung zum Schutz des Kernbereichs privater Lebensgestaltung bei Wohnraumüberwachungsmaßnahmen.**

§ 100 d Abs. 1 StPO stellt klar, dass eine Wohnraumüberwachung unzulässig ist, wenn tatsächliche Anhaltspunkte für die Annahme vorliegen, dass durch die Maßnahme allein Erkenntnisse aus dem Kernbereich privater Lebensgestaltung erlangt würden. Gemäß § 100 d Abs. 2 S. 1 StPO dürfen Erkenntnisse aus diesem Kernbereich nicht verwertet werden.

Mit dem Verwertungsverbot korrespondiert die in § 100 d Abs. 2 S. 2 StPO dargelegte Pflicht, durch einen Eingriff in den Kernbereich erlangte Erkenntnisse unverzüglich zu löschen. Gemäß § 100 d Abs. 2 S. 3 StPO ist die Tatsache der Erlangung und der Löschung solcher Erkenntnisse aktenkundig zu machen.

- Bei einer Wohnraumüberwachung ist zudem **§ 100 d Abs. 4 S. 1 StPO** zu beachten. Dieser stellt klar, stellt klar, dass eine Wohnraumüberwachung nur angeordnet werden darf, soweit aufgrund tatsächlicher Anhaltspunkte anzunehmen ist, dass durch die Überwachung Äußerungen, die dem Kernbereich privater Lebensgestaltung zuzurechnen sind, nicht erfasst werden. Es muss nach subjektiver Einschätzung des Gerichts also eine gewisse Wahrscheinlichkeit dafür bestehen, dass es nicht zu einem solchen Eingriff kommen wird.

  Nach § 100 d Abs. 4 S. 2 StPO muss, wenn sich während der Überwachungsmaßnahme Anhaltspunkte dafür ergeben, dass in den Kernbereich eingegriffen wird, die Maßnahme unverzüglich unterbrochen werden.

  Die unterbrochene Maßnahme darf unter den Voraussetzungen des Satzes 3 wieder fortgeführt werden. Nach § 100 d Abs. 4 S. 4 StPO ist im Zweifel über die Frage der Unterbrechung eine Entscheidung des Gerichts herbeizuführen.

  Nach § 100 d Abs. 4 S. 5 StPO hat die Staatsanwaltschaft, soweit ein Verwertungsverbot in Betracht kommt, unverzüglich eine Entscheidung des anordnenden Gerichts über die Verwertbarkeit der erlangten Ergebnisse herbeizuführen.

II.   Anordnungsbefugnis:

§ 100 e Abs. 2 S. 1 bis 3 StPO

Auf Antrag der Staatsanwaltschaft die Strafkammer des Landgerichts, in dessen Bezirk die Staatsanwaltschaft ihren Sitz hat, bei Gefahr im Verzug deren Vorsitzender.

Gefahr im Verzug liegt vor, wenn die Anordnung der Strafkammer nicht eingeholt werden kann, ohne dass der Erfolg der Maßnahme gefährdet wird.

Die Anordnung des Vorsitzenden tritt gemäß § 100 e Abs. 2 S. 3 StPO außer Kraft, wenn sie nicht binnen drei Werktagen von der Strafkammer bestätigt wird.

III. Formvorschriften:

1. **§ 100 e Abs. 2 S. 4 bis 6 StPO**

   Zeitliche Begrenzung der Maßnahme auf höchstens einen Monat mit der Möglichkeit einer Verlängerung um jeweils nicht mehr als einen Monat. Ist die Dauer der Anordnung um insgesamt sechs Monate verlängert worden, so entscheidet über weitere Verlängerungen das Oberlandesgericht.

2. **§ 100 e Abs. 3 und 4 StPO**

   Anordnungsform der Maßnahme unter besonderer Beachtung von Absatz 3 Nr. 7 und Absatz 4 Nr. 3.

3. **§ 100 e Abs. 5 StPO**

   Voraussetzungen zur Beendigung der Maßnahme verbunden mit der Verpflichtung, nach Beendigung der Maßnahme das anordnende Gericht über die Ergebnisse der Überwachung zu unterrichten. Zudem ist das anordnende Gericht auch über den Verlauf zu unterrichten.

4. **§ 100 e Abs. 6 StPO**

   Voraussetzungen der Verwertbarkeit der erlangten personenbezogenen Daten für andere Zwecke.

5. **§ 101 Abs. 1, Abs. 4 S. 1 Nr. 4 a) bis c), S. 2, Abs. 5 S. 1 StPO**

   Grundsätzlich bestehende **Benachrichtigungspflicht** des Beschuldigten, gegen den sich die Maßnahme richtet, sonstiger überwachter Personen und Personen, die die überwachte Wohnung zur Zeit der Durchführung der Maßnahme innehatten oder bewohnten (§ 101 Abs. 1, Abs. 4 S. 1 Nr. 4 a) bis c) StPO), sobald dies ohne Gefährdung des Untersuchungszwecks, des Lebens, der körperlichen Unversehrtheit und der persönlichen Freiheit einer Person und von bedeutenden Vermögenswerten möglich ist (§ 101 Abs. 5 S. 1 StPO).

   Dabei ist auf die Möglichkeit nachträglichen Rechtsschutzes nach Absatz 7 S. 2 und die dafür vorgesehene Frist hinzuweisen (§ 101 Abs. 4 S. 2 StPO).

   Für den Fall der **Zurückstellung einer Benachrichtigung** vgl. § 101 Abs. 5 S. 2, Abs. 6 StPO.

   Die **Benachrichtigung unterbleibt**, wenn ihr überwiegende schutzwürdige Belange einer betroffenen Person entgegenstehen (§ 101 Abs. 4 S. 3 StPO).

6. **§ 101 Abs. 2 StPO**

   Die Unterlagen der Maßnahme werden zunächst bei der Staatsanwaltschaft verwahrt. Ihre Übernahme in die (Haupt-)Akten ist an die Benachrichtigungspflicht nach Absatz 5 gekoppelt.

7. **§ 101 Abs. 3 S. 1 StPO**

   Die durch die Maßnahme resultierenden personenbezogenen Daten sind als solche zu kennzeichnen.

8. **§ 101 Abs. 8 S. 1 StPO**

   Die durch die Maßnahme resultierenden personenbezogenen Daten sind, sofern sie zur Strafverfolgung und für eine etwaige gerichtliche Überprüfung nicht mehr erforderlich sind, unverzüglich zu löschen.

9. **§ 101 b Abs. 1 und 4 StPO**

   Jährliche Berichtspflicht der Länder und des Generalbundesanwalts gegenüber dem Bundesamt für Justiz.

10. **§ 479 Abs. 2 und 3 StPO**

    Verwendungsregelung von Zufallserkenntnissen.

IV. <u>Verhältnismäßigkeit:</u>

Geeignetheit - Erforderlichkeit - Angemessenheit

> **<u>Beachte:</u>**
> Die Maßnahme darf auch durchgeführt werden, wenn andere Personen unvermeidbar betroffen werden (§ 100 c Abs. 2 S. 3 StPO).

11. Einsatz technischer Mittel - § 100 f StPO

Eingriff in Art. 2 Abs. 1 i.V.m. Art. 1 Abs. 1 GG (Allgemeines Persönlichkeitsrecht)

I. **Anordnungsvoraussetzungen:**

1. **Konkreter, einfacher Tatverdacht, dass jemand als Täter oder Teilnehmer eine in § 100 a Abs. 2 Nr. 1 bis 11 StPO bezeichnete schwere Straftat**

   a) **begangen hat,**

   b) **versucht hat.**

   Es müssen bestimmte Tatsachen vorliegen, die den Verdacht einer solchen Katalogtat begründen (§ 100 f Abs. 1 StPO).

   Tatsachen sind nachvollziehbare Fakten, die dazu geeignet sind, einen Tatverdacht zu tragen.

   Wie bei der Telekommunikationsüberwachung reicht die Vorbereitung der Katalogtat ebenfalls aus.

2. **Die Tat muss auch im Einzelfall schwer wiegen.**

   In § 100 f Abs. 1 StPO wird klargestellt, dass die Anlasstat nicht nur abstrakt, sondern auch im konkreten Einzelfall schwer wiegen muss.

   Damit sollen die Fälle ausgeschieden werden, die zwar eine Katalogtat zum Gegenstand haben, aber mangels hinreichender Schwere im konkreten Einzelfall den mit der Überwachung verbundenen Eingriff in das Allgemeine Persönlichkeitsrecht nicht zu rechtfertigen vermögen.

3. **Adressaten der Maßnahme gemäß § 100 f Abs. 2 S. 1 und 2 StPO:**

   a) **Ein als Täter/Teilnehmer Beschuldigter**

   Beschuldigter ist der Tatverdächtige, gegen den polizeiliche oder staatsanwaltschaftliche Ermittlungen wegen des Verdachts einer strafbaren Handlung geführt werden.

   b) **Andere Personen,**

   wenn aufgrund bestimmter Tatsachen anzunehmen ist, dass sie mit einem Beschuldigten in Verbindung stehen oder eine solche Verbindung hergestellt wird (= Kontaktpersonen) und die Maßnahme zur Erforschung des Sachverhalts oder zur Ermittlung des Aufenthaltsortes eines Beschuldigten führen wird.

Bei den sogenannten *Kontaktpersonen* handelt es sich demnach um Personen, die nicht Beschuldigte sind, von deren Beobachtung aber zu erwarten ist, dass hierdurch wichtige Hinweise für die Tataufklärung gewonnen werden können.

4. **Befugnisse:**

Abhören und Aufzeichnen des nichtöffentlich gesprochenen Wortes mit technischen Mitteln <u>außerhalb</u> von Wohnungen – auch ohne Wissen der Betroffenen.

Nichtöffentlich sind alle außerhalb des Schutzbereiches des Art. 13 GG geführten Unterredungen, die für niemand anderen als den Gesprächspartner bestimmt sind.

Als *technische Mittel* kommen hier vor allem Wanzen, versteckte Mikrophone und Aufzeichnungsgeräte in Betracht.

Die mit der Anbringung des Mittels notwendig verbundene Beeinträchtigung des Betroffenen durch typischerweise mit dem Abhören verbundene Vorbereitungs- und Begleitmaßnahmen ist durch die Vorschrift mit abgedeckt.

Beachte:

§ 160 a StPO regelt den Schutz zeugnisverweigerungsberechtigter Berufsgeheimnisträger.

---

5. **Subsidiaritätsgrundsatz:**

Für Beschuldigte (§ 100 f Abs. 1 a.E. StPO) und „andere Personen" (§ 100 f Abs. 2 S. 2 a.E. StPO) identisch:

Die Erforschung des Sachverhalts oder die Ermittlung des Aufenthaltsortes eines Beschuldigten muss auf andere Weise aussichtslos (Erfolgsprognose) oder wesentlich erschwert (Verfahrensverzögerung) sein.

II. Anordnungsbefugnis:

§ 100 f Abs. 4 StPO i.V.m. § 100 e Abs. 1 StPO

Auf Antrag der Staatsanwaltschaft das Gericht, bei Gefahr im Verzug die Staatsanwaltschaft.

Gefahr im Verzug liegt vor, wenn die Anordnung des Gerichts nicht eingeholt werden kann, ohne dass der Erfolg der Maßnahme gefährdet wird.

Die Anordnung der Staatsanwaltschaft tritt entsprechend § 100 f Abs. 4 i.V.m. § 100 e Abs. 1 S. 3 StPO außer Kraft, wenn sie nicht binnen drei Werktagen von dem Gericht bestätigt wird.

III. Formvorschriften:

1. **§ 100 f Abs. 4 i.V.m. § 100 d Abs. 1 und 2 StPO**
   Verwertungsverbot bei Erkenntnissen aus dem Kernbereich privater Lebensgestaltung.

2. **§ 100 f Abs. 4 i.V.m. § 100 e Abs. 1 S. 4 und 5 StPO**
   Zeitliche Begrenzung der Maßnahme auf höchstens drei Monate mit der Möglichkeit einer Verlängerung um jeweils nicht mehr als drei Monate.

3. **§ 100 f Abs. 4 i.V.m. § 100 e Abs. 3 StPO**
   Anordnungsform der Maßnahme.

4. **§ 100 f Abs. 4 i.V.m. § 100 e Abs. 5 S. 1 und 2 StPO**
   Voraussetzungen zur Beendigung der Maßnahme.

5. **§ 101 Abs. 1, Abs. 4 S. 1 Nr. 5, S. 2, Abs. 5 S. 1 StPO**
   Grundsätzlich bestehende **Benachrichtigungspflicht** der Zielperson sowie der erheblich mitbetroffenen Personen (§ 101 Abs. 1, Abs. 4 S. 1 Nr. 5 StPO), sobald dies ohne Gefährdung des Untersuchungszwecks, des Lebens, der körperlichen Unversehrtheit und der persönlichen Freiheit einer Person und von bedeutenden Vermögenswerten möglich ist (§ 101 Abs. 5 S. 1 StPO).
   Dabei ist auf die Möglichkeit nachträglichen Rechtsschutzes nach Absatz 7 S. 2 und die dafür vorgesehene Frist hinzuweisen (§ 101 Abs. 4 S. 2 StPO).

Für den Fall der **Zurückstellung einer Benachrichtigung** vgl. § 101 Abs. 5 S. 2, Abs. 6 StPO.

Die **Benachrichtigung unterbleibt**, wenn ihr überwiegende schutzwürdige Belange einer betroffenen Person entgegenstehen (§ 101 Abs. 4 S. 3 StPO).

6. **§ 101 Abs. 2 StPO**

Die Unterlagen der Maßnahme werden zunächst bei der Staatsanwaltschaft verwahrt. Ihre Übernahme in die (Haupt-)Akten ist an die Benachrichtigungspflicht nach Absatz 5 gekoppelt.

7. **§ 101 Abs. 3 S. 1 StPO**

Die durch die Maßnahme resultierenden personenbezogenen Daten sind als solche zu kennzeichnen.

8. **§ 101 Abs. 8 S. 1 StPO**

Die durch die Maßnahme resultierenden personenbezogenen Daten sind, sofern sie zur Strafverfolgung und für eine etwaige gerichtliche Überprüfung nicht mehr erforderlich sind, unverzüglich zu löschen.

9. **§ 479 Abs. 2 StPO**

Verwendungsregelung von Zufallserkenntnissen.

IV. Verhältnismäßigkeit:

Geeignetheit - Erforderlichkeit - Angemessenheit

Beachte:

Die Maßnahme darf auch durchgeführt werden, wenn Dritte unvermeidbar betroffen werden (§ 100 f Abs. 3 StPO).

12.1 Erhebung von Verkehrsdaten
- § 100 g Abs. 1 StPO -
Eingriffe in Art. 10 GG (Post- und Fernmeldegeheimnis) und
Art. 2 Abs. 1 i.V.m. Art. 1. Abs. 1 GG (Allgemeines Persönlichkeitsrecht)

I.   **Anordnungsvoraussetzungen:**

1.   **Abs. 1 Nr. 1:**

   Konkreter, einfacher Tatverdacht, dass jemand als Täter oder Teilnehmer eine Straftat von erheblicher Bedeutung, insbesondere eine in § 100 a Abs. 2 Nr. 1 bis 11 StPO bezeichnete schwere Straftat,

   a)   **begangen hat,**

   b)   **versucht hat,**

   c)   **vorbereitet hat**

   oder

2.   **Abs. 1 Nr. 2:**

   Konkreter, einfacher Tatverdacht, dass jemand als Täter oder Teilnehmer eine Straftat mittels Telekommunikation begangen hat.

   Es müssen bestimmte Tatsachen vorliegen, die den Verdacht einer solchen Straf- oder Vorbereitungstat begründen (§ 100 g Abs. 1 StPO).

   Tatsachen sind nachvollziehbare Fakten, die dazu geeignet sind, einen Tatverdacht zu tragen.

   Eine Straftat ist für **Absatz 1 Nr. 1** dann von *erheblicher Bedeutung*, wenn sie mindestens dem Bereich der mittleren Kriminalität zugeordnet werden kann, den Rechtsfrieden empfindlich stört und dazu geeignet ist, das Gefühl der Rechtssicherheit der Bevölkerung erheblich zu beeinträchtigen.

   Die Tat muss im Falle des **Absatzes 1 Nr. 1** auch *im Einzelfall* von erheblicher Bedeutung sein, d.h. die Anlasstat muss nicht nur abstrakt, sondern auch im konkreten Einzelfall von erheblicher Bedeutung sein.

   Damit sollen die Fälle ausgeschieden werden, die zwar eine Straftat von erheblicher Bedeutung, insbesondere eine Katalogtat des § 100 a Abs. 2 StPO, zum Gegenstand haben, aber mangels hinreichender Schwere im konkreten Einzelfall die mit einer Erhebung der Verkehrsdaten verbundenen Eingriffe in das Fernmeldegeheimnis und das Allgemeine Persönlichkeitsrecht nicht zu rechtfertigen vermögen.

2. **Adressaten der Maßnahme gemäß § 101 a Abs. 1 i.V.m. § 100 a Abs. 3 StPO:**

    a) **Der als Täter/Teilnehmer Beschuldigte**

        Das ist der Tatverdächtige, gegen den polizeiliche oder staatsanwaltschaftliche Ermittlungen wegen des Verdachts einer strafbaren Handlung geführt werden.

    b) **Tatunverdächtige Personen:**

        *   **Nachrichtenmittler**

            Unter einem Nachrichtenmittler ist eine nichttatverdächtige Person zu verstehen, von der aufgrund von Tatsachen anzunehmen ist, dass sie für den Beschuldigten bestimmte oder von ihm her-rührende Mitteilungen entgegennimmt oder weiterleitet.

        *   **Anschlussüberlasser**

            Zulässig ist eine Verkehrsdatenerhebung aber auch bei solchen Personen, von denen aufgrund von Tatsachen anzunehmen ist, dass der Beschuldigte mit oder ohne ihr Wissen deren Anschluss oder ihr informationstechnisches System benutzt.

Beachte:

Für zeugnisverweigerungsberechtigte Berufsgeheimnisträger gemäß §§ 53, 53 a StPO findet sich eine gesonderte Regelung in **§ 100 g Abs. 4 StPO.**

---

3. **Befugnis**

    a) **bei § 100 g Abs. 1 Nr. 1 StPO:**

        Erhebung von Verkehrs- und Standortdaten in Echtzeit (§ 100 g Abs. 1 S. 1, S. 3 und S. 4 StPO),

b)   **bei § 100 g Abs. 1 Nr. 2 StPO:**

Erhebung von Verkehrsdaten (§ 100 g Abs. 1 S. 1 StPO).

Erheben in diesem Sinne bedeutet, dass aufgrund eines Datenermittlungsersuchens die benötigten Daten angefordert werden.

Gemäß § 3 Nr. 30 TKG sind *„Verkehrsdaten"* Daten, die bei der Erbringung eines Telekommunikationsdienstes erhoben, verarbeitet oder genutzt werden. Es handelt sich also um die Daten, die durch die Nutzung des Accounts durch den Accountinhaber entstehen und vom Provider zum Zwecke der Fehleranalyse, der Abrechnung oder aufgrund von gesetzlichen Vorschriften (Vorratsdatenspeicherung) gespeichert werden. Es sind also „laufende" Daten, die sich üblicherweise in den Logfiles des Providers wiederfinden.

Dies sind nach § 9 Abs. 1 TTDSG

1.   die Nummer oder Kennung der beteiligten Anschlüsse oder der Endeinrichtung, personenbezogene Berechtigungskennungen, bei Verwendung von Kundenkarten auch die Kartennummer, bei mobilen Anschlüssen auch die Standortdaten,

2.   der Beginn und das Ende der jeweiligen Verbindung nach Datum und Uhrzeit und, soweit die Entgelte davon abhängen, die übermittelten Datenmengen,

3.   der vom Nutzer in Anspruch genommenen Telekommunikationsdienst,

4.   die Endpunkte von festgeschalteten Verbindungen, ihren Beginn und ihr Ende nach Datum und Uhrzeit und, soweit die Entgelte davon abhängen, die übermittelten Datenmengen,

5.   sonstige zum Aufbau und zur Aufrechterhaltung der Telekommunikation sowie zur Entgeltabrechnung notwendige Verkehrsdaten.

4.   **Subsidiaritätsgrundsatz**

a)   **bei § 100 g Abs. 1 Nr. 1 StPO:**

Die Erforschung des Sachverhalts muss erforderlich sein (§ 100 g Abs. 1 S. 1 StPO).

b)   **bei § 100 g Abs. 1 Nr. 2 StPO:**

Die Erforschung des Sachverhalts muss auf andere Weise aussichtslos sein (§ 100 g Abs. 1 S. 2 StPO).

II. Anordnungsbefugnis:

§ 101 a Abs. 1 i.V.m. § 100 e Abs. 1 S. 1 bis 3 StPO

Auf Antrag der Staatsanwaltschaft das Gericht, bei Gefahr im Verzug die Staatsanwaltschaft.

Gefahr im Verzug liegt vor, wenn die Anordnung des Gerichts nicht eingeholt werden kann, ohne dass der Erfolg der Maßnahme gefährdet wird.

Die Anordnung der Staatsanwaltschaft tritt gemäß § 100 b Abs. 1 S. 3 StPO außer Kraft, wenn sie nicht binnen drei Werktagen von dem Gericht bestätigt wird.

III. Formvorschriften:

1. **§ 101 a Abs. 1 i.V.m. § 100 a Abs. 4 S. 1 StPO**

   Mitwirkungspflicht der Betreiber von Telekommunikationsdiensten.

2. **§ 101 a Abs. 1 i.V.m. § 100 e Abs. 1 S. 4 und 5 StPO**

   Zeitliche Begrenzung der Maßnahme auf höchstens drei Monate mit der Möglichkeit einer Verlängerung um jeweils nicht mehr als drei Monate.

3. **§ 101 a Abs. 1 i.V.m. § 100 e Abs. 3 und 4 StPO**

   Anordnungsform der Maßnahme

4. **§ 101 a Abs. 1 i.V.m. § 100 e Abs. 5 StPO**

   Voraussetzungen zur Beendigung der Maßnahme.

5. **§ 101 a Abs. 2 StPO**

   Einzelfallbezogene Darlegung insbesondere der wesentlichen Erwägungen zur Erforderlichkeit und Angemessenheit der Maßnahme.

6. **§ 101 a Abs. 3 S. 1 – 3 StPO**

   Die durch die Maßnahme resultierenden personenbezogenen Daten sind als solche zu kennzeichnen und unverzüglich auszuwerten.

7. **§ 101 a Abs. 3 S. 4 i.V.m. § 101 Abs. 8 StPO**

   Die durch die Maßnahme resultierenden personenbezogenen Daten sind, sofern sie zur Strafverfolgung und für eine etwaige gerichtliche Überprüfung nicht mehr erforderlich sind, unverzüglich zu löschen.

8. **§ 101 a Abs. 6 StPO**

   Grundsätzlich bestehende **Benachrichtigungspflicht** der Beteiligten, sobald dies ohne Gefährdung des Untersuchungszwecks, des Lebens, der körperlichen Unversehrtheit und der persönlichen Freiheit einer Person und von bedeutenden Vermögenswerten möglich ist (§ 101 Abs. 5 S. 1 StPO).

Dabei ist auf die Möglichkeit nachträglichen Rechtsschutzes nach § 101 Abs. 7 S. 2 und die dafür vorgesehene Frist hinzuweisen (§ 101 Abs. 4 S. 2 StPO). Die **Benachrichtigung unterbleibt**, wenn ihr überwiegende schutzwürdige Belange einer betroffenen Person entgegenstehen. Zudem kann die Benachrichtigung einer an der Telekommunikation beteiligten Person unterbleiben, wenn diese von der Maßnahme nur unerheblich betroffen wurde und anzunehmen ist, dass sie kein Interesse an einer Benachrichtigung hat (§ 101 Abs. 4 S. 3 und 4 StPO). Für diesen Fall ist § 101 a Abs. 6 Nr. 1 StPO zu beachten. Für den Fall der **Zurückstellung einer Benachrichtigung** vgl. § 101 Abs. 5 S. 2, Abs. 6 StPO, ebenso § 101 a Abs. 6 Nr. 2 StPO.

9. **§ 101 b Abs. 1 und 5 StPO**

Jährliche Berichtspflicht der Länder und des Generalbundesanwalts gegenüber dem Bundesamt für Justiz.

10. **§ 100 g Abs. 5 StPO**

§ 100 g Abs. 5 StPO stellt klar, dass sich die Erhebung von Verkehrsdaten nach den allgemeinen Vorschriften, also insbesondere nach den §§ 94 ff. StPO richtet, wenn sie – etwa durch Sicherstellung von Gegenständen (z.B. elektronische Datenträger, aber auch Verbindungsnachweise in Papierform), die Aufschluss über Verkehrsdaten geben können – nach Abschluss des Kommunikationsvorgangs in anderer Weise als durch eine Auskunftsanordnung an den Telekommunikationsdienstanbieter erfolgt.

11. **§ 479 Abs. 2 StPO**

Verwendungsregelung von Zufallserkenntnissen.

IV. **Verhältnismäßigkeit:**

Geeignetheit - Erforderlichkeit - Angemessenheit

Die Erhebung der Daten muss in einem angemessenen Verhältnis zur Bedeutung der Sache stehen (§ 100 g Abs. 1 S. 1 a.E. StPO).

12.2 Erhebung von Verkehrsdaten
- § 100 g Abs. 2 StPO -

Eingriffe in Art. 10 GG (Post- und Fernmeldegeheimnis) und
Art. 2 Abs. 1 i.V.m. Art 1. Abs. 1 GG (Allgemeines Persönlichkeitsrecht)

I. **Anordnungsvoraussetzungen:**

1. **Konkreter, einfacher Tatverdacht, dass jemand als Täter oder Teilnehmer eine in Satz 2 bezeichnete besonders schwere Straftat**

   a) **begangen**

   oder

   b) **versucht hat.**

   Es müssen bestimmte Tatsachen vorliegen, die den Verdacht einer solchen Straftat begründen (§ 100 g Abs. 2 S. 2 StPO).

   Tatsachen sind nachvollziehbare Fakten, die dazu geeignet sind, einen Tatverdacht zu tragen.

2. **Die Tat muss auch im Einzelfall besonders schwer wiegen.**

   In § 100 g Abs. 2 S. 1 StPO wird klargestellt, dass die Anlasstat nicht nur abstrakt, sondern auch im konkreten Einzelfall besonders schwer wiegen muss.

3. **Adressaten der Maßnahme gemäß § 101 a Abs. 1 i.V.m. § 100 a Abs. 3 StPO (beachte aber § 100 g Abs. 4 StPO bei zeugnisverweigerungsberechtigten Berufsgeheimnisträgern):**

   a) **Der als Täter/Teilnehmer Beschuldigte**

   Das ist der Tatverdächtige, gegen den polizeiliche oder staatsanwaltschaftliche Ermittlungen wegen des Verdachts einer strafbaren Handlung geführt werden.

   b) **Tatunverdächtige Personen:**

   • **Nachrichtenmittler**

   Unter einem Nachrichtenmittler ist eine nichttatverdächtige Per-son zu verstehen, von der aufgrund von Tatsachen anzunehmen ist, dass sie für den Beschuldigten bestimmte oder von ihm her-rührende Mitteilungen entgegennimmt oder weiterleitet.

   • **Anschlussüberlasser**

   Zulässig ist eine Verkehrsdatenerhebung aber auch bei solchen Personen, von denen aufgrund von Tatsachen anzunehmen ist, dass der Beschuldigte mit oder ohne ihr Wissen deren Anschluss oder ihr informationstechnisches System benutzt.

Beachte:

Für zeugnisverweigerungsberechtigte Berufsgeheimnisträger gemäß §§ 53, 53 a StPO findet sich eine gesonderte Regelung in **§ 100 g Abs. 4 StPO**.

---

4. **Befugnis:**

Erhebung von nach § 176 TKG gespeicherten Verkehrsdaten (§ 100 g Abs. 2 S. 1 StPO).

Erheben in diesem Sinne bedeutet, dass aufgrund eines Datenermittlungsersuchens die benötigten Daten angefordert werden. Gemäß § 3 Nr. 30 TKG sind *„Verkehrsdaten"* Daten, die bei der Erbringung eines Telekommunikationsdienstes erhoben, verarbeitet oder genutzt werden. Es handelt sich also um die Daten, die durch die Nutzung des Accounts durch den Accountinhaber entstehen und vom Provider zum Zwecke der Fehleranalyse, der Abrechnung oder aufgrund von gesetzlichen Vorschriften (Vorratsdatenspeicherung) gespeichert werden.

Dies sind nach § 96 Abs. 1 TKG

1. die Nummer oder Kennung der beteiligten Anschlüsse oder der Endeinrichtung, personenbezogene Berechtigungskennungen, bei Verwendung von Kundenkarten auch die Kartennummer, bei mobilen Anschlüssen auch die Standortdaten,

2. der Beginn und das Ende der jeweiligen Verbindung nach Datum und Uhrzeit und, soweit die Entgelte davon abhängen, die übermittelten Datenmengen,

3. der vom Nutzer in Anspruch genommenen Telekommunikationsdienst,

4. die Endpunkte von festgeschalteten Verbindungen, ihren Beginn und ihr Ende nach Datum und Uhrzeit und, soweit die Entgelte davon abhängen, die übermittelten Datenmengen,

5. sonstige zum Aufbau und zur Aufrechterhaltung der Telekommunikation sowie zur Entgeltabrechnung notwendige Verkehrsdaten.

5. **Subsidiaritätsgrundsatz gemäß § 100 g Abs. 2 S. 1 StPO:**

Die Erforschung des Sachverhalts oder die Ermittlung des Aufenthaltsortes des Beschuldigten muss auf andere Weise wesentlich erschwert oder aussichtslos sein.

II. Anordnungsbefugnis:

§ 101 a Abs. 1, Abs. 2 S. 1 i.V.m. § 100 e Abs. 1 S. 1 StPO

Auf Antrag der Staatsanwaltschaft das Gericht.

III. Formvorschriften:

1. **§ 101 a Abs. 1 i.V.m. § 100 a Abs. 4 S. 1 StPO**

   Mitwirkungspflicht der Betreiber von Telekommunikationsdiensten.

2. **§ 101 a Abs. 1 i.V.m. § 100 e Abs. 1 S. 4 und 5 StPO**

   Zeitliche Begrenzung der Maßnahme auf höchstens drei Monate mit der Möglichkeit einer Verlängerung um jeweils nicht mehr als drei Monate.

3. **§ 101 a Abs. 1 i.V.m. § 100 e Abs. 3 und 4 StPO**

   Anordnungsform der Maßnahme.

4. **§ 101 a Abs. 1 i.V.m. § 100 e Abs. 5 StPO**

   Voraussetzungen zur Beendigung der Maßnahme.

5. **§ 101 a Abs. 2 StPO**

   Einzelfallbezogene Darlegung insbesondere der wesentlichen Erwägungen zur Erforderlichkeit und Angemessenheit der Maßnahme.

6. **§ 101 a Abs. 3 S. 1 – 3 StPO**

   Die durch die Maßnahme resultierenden personenbezogenen Daten sind als solche zu kennzeichnen und unverzüglich auszuwerten.

7. **§ 101 a Abs. 3 S. 4 i.V.m. § 101 Abs. 8 StPO**

   Die durch die Maßnahme resultierenden personenbezogenen Daten sind, sofern sie zur Strafverfolgung und für eine etwaige gerichtliche Überprüfung nicht mehr erforderlich sind, unverzüglich zu löschen.

8. **§ 101 a Abs. 4 S. 2 – 5, Abs. 5 StPO**

   Die Weiterverwendung und Löschung der erhobenen Daten.

9. **§ 101 a Abs. 6 StPO**

   Grundsätzlich bestehende **Benachrichtigungspflicht** der Beteiligten, sobald dies ohne Gefährdung des Untersuchungszwecks, des Lebens, der körperlichen Unversehrtheit und der persönlichen Freiheit einer Person und von bedeutenden Vermögenswerten möglich ist (§ 101 Abs. 5 S. 1 StPO).

   Dabei ist auf die Möglichkeit nachträglichen Rechtsschutzes nach § 101 Abs. 7 S. 2

und die dafür vorgesehene Frist hinzuweisen (§ 101 Abs. 4 S. 2 StPO). Die **Benachrichtigung unterbleibt**, wenn ihr überwiegende schutzwürdige Belange einer betroffenen Person entgegenstehen. Zudem kann die Benachrichtigung einer an der Telekommunikation beteiligten Person unterbleiben, wenn diese von der Maßnahme nur unerheblich betroffen wurde und anzunehmen ist, dass sie kein Interesse an einer Benachrichtigung hat (§ 101 Abs. 4 S. 3 und 4 StPO). Für diesen Fall ist § 101 a Abs. 6 Nr. 1 StPO zu beachten. Für den Fall der **Zurückstellung einer Benachrichtigung** vgl. § 101 Abs. 5 S. 2, Abs. 6 und § 101 a Abs. 6 Nr. 2 StPO.

10. **§ 101 b Abs. 1 und 5 StPO**

Jährliche Berichtspflicht der Länder und des Generalbundesanwalts gegenüber dem Bundesamt für Justiz.

11. **§ 100 g Abs. 5 StPO**

§ 100 g Abs. 5 StPO stellt klar, dass sich die Erhebung von Verkehrsdaten nach den allgemeinen Vorschriften, also insbesondere nach den §§ 94 ff. StPO richtet, wenn sie – etwa durch Sicherstellung von Gegenständen (z.B. elektronische Datenträger, aber auch Verbindungsnachweise in Papierform), die Aufschluss über Verkehrsdaten geben können – nach Abschluss des Kommunikationsvorgangs in anderer Weise als durch eine Auskunftsanordnung an den Telekommunikationsdienstanbieter erfolgt.

12. **§ 479 Abs. 2 und 3 StPO**

Verwendungsregelung von Zufallserkenntnissen.

IV. **Verhältnismäßigkeit:**

Geeignetheit - Erforderlichkeit - Angemessenheit

Die Erhebung der Daten muss in einem angemessenen Verhältnis zur Bedeutung der Sache stehen (§ 100 g Abs. 1 S. 2 a.E. StPO).

Beachte:

§ 100 g Abs. 3 StPO regelt Funkzellenabfragen bei den jeweiligen Telekommunikationsdienstanbietern. Funkzellenabfragen, die die Polizei selbst, zum Beispiel durch den Einsatz von IMSI-Catchern erhebt, fallen nicht unter den Anwendungsbereich von § 100 g StPO – hierfür ist § 100 i StPO einschlägig.

13.1   Einsatz technischer Mittel - § 100 h Abs. 1 Nr. 1 StPO
Eingriff in Art. 2 Abs. 1 i.V.m. Art. 1 Abs. 1 GG (Allgemeines Persönlichkeitsrecht)

I.   Anordnungsvoraussetzungen:

1. **Einfacher Tatverdacht auf eine (beliebige) Straftat**

Konkrete, tatsächliche Anhaltspunkte für das Vorliegen einer verfolgbaren Straftat.

2. **Adressaten der Maßnahme gemäß § 100 h Abs. 2 S. 1 und S. 2 Nr. 1 StPO:**

a)   **Ein als Täter/Teilnehmer Beschuldigter**

Beschuldigter ist der Tatverdächtige, gegen den polizeiliche oder staatsanwaltschaftliche Ermittlungen wegen des Verdachts einer strafbaren Handlung geführt werden.

b)   **Andere Personen**

3. **Befugnis:**

Herstellen von Bildaufnahmen (Video, Filme) außerhalb von Wohnungen

- auch ohne Wissen der Betroffenen.

4. **Subsidiaritätsgrundsatz:**

a)   **Für Beschuldigte (§ 100 h Abs. 1 S. 1 a.E. StPO):**

Die Erforschung des Sachverhalts oder die Ermittlung des Aufenthaltsortes eines Beschuldigten muss auf andere Weise weniger erfolgversprechend (Erfolgsprognose) oder erschwert (Verfahrensverzögerung) sein.

b)   **Für andere Personen (§ 100 h Abs. 2 S. 2 Nr. 1 StPO):**

Die Erforschung des Sachverhalts oder die Ermittlung des Aufenthaltsortes eines Beschuldigten muss auf andere Weise erheblich weniger erfolgversprechend (Erfolgsprognose) oder wesentlich erschwert (Verfahrensverzögerung) sein.

Beachte:

- **§ 160 a StPO** regelt den Schutz zeugnisverweigerungsberechtigter Berufsgeheimnisträger

- **§ 100 h Abs. 4 i.V.m. § 100 d Abs. 1 und 2 StPO trifft eine Regelung zum
Schutz des Kernbereichs privater Lebensgestaltung.**

  § 100 h Abs. 4 StPO stellt klar, dass das Herstellen von Bildaufnahmen unzulässig ist, wenn tatsächliche Anhaltspunkte für die Annahme vorliegen, dass
durch die Maßnahme allein Erkenntnisse aus dem Kernbereich privater Lebensgestaltung erlangt würden. Gemäß § 100 d Abs. 2 S. 1 StPO dürfen Erkenntnisse aus diesem Kernbereich nicht verwertet werden.

  Mit dem Verwertungsverbot korrespondiert die in § 100 d Abs. 2 S. 2 StPO
dargelegte Pflicht, durch einen Eingriff in den Kernbereich erlangte Erkenntnisse unverzüglich zu löschen. Gemäß § 100 d Abs. 2 S. 3 StPO ist die Tatsache
der Erlangung und der Löschung solcher Erkenntnisse aktenkundig zu machen.

II.   Anordnungsbefugnis:

Staatsanwaltschaft und jeder Polizeibeamte

(nicht notwendig Ermittlungspersonen der Staatsanwaltschaft)

III.   Formvorschriften:

1.   **§ 100 h Abs. 4 i.V.m. § 100 d Abs. 1 und 2 StPO**

Verwertungsverbot bei Erkenntnissen aus dem Kernbereich privater Lebensgestaltung.

2.   **§ 101 Abs. 1, Abs. 4 S. 1 Nr. 7, S. 2, Abs. 5 S. 1 StPO**

Grundsätzlich bestehende **Benachrichtigungspflicht** der Zielperson sowie der
erheblich mitbetroffenen Personen (§ 101 Abs. 1, Abs. 4 S. 1 Nr. 7 StPO),
sobald dies ohne Gefährdung des Untersuchungszwecks, des Lebens, der
körperlichen Unversehrtheit und der persönlichen Freiheit einer Person und von
bedeutenden Vermögenswerten möglich ist (§ 101 Abs. 5 S. 1 StPO).

Dabei ist auf die Möglichkeit nachträglichen Rechtsschutzes nach Absatz 7 S. 2 und die dafür vorgesehene Frist hinzuweisen (§ 101 Abs. 4 S. 2 StPO).

Für den Fall der **Zurückstellung einer Benachrichtigung** vgl. § 101 Abs. 5 S. 2, Abs. 6 StPO.

Die **Benachrichtigung unterbleibt**, wenn ihr überwiegende schutzwürdige Belange einer betroffenen Person entgegenstehen (§ 101 Abs. 4 S. 3 StPO).

3. **§ 101 Abs. 3 S. 1 StPO**

Die durch die Maßnahme resultierenden personenbezogenen Daten sind als solche zu kennzeichnen.

4. **§ 101 Abs. 8 S. 1 StPO**

Die durch die Maßnahme resultierenden personenbezogenen Daten sind, sofern sie zur Strafverfolgung und für eine etwaige gerichtliche Überprüfung nicht mehr erforderlich sind, unverzüglich zu löschen.

IV. **Verhältnismäßigkeit:**

Geeignetheit - Erforderlichkeit - Angemessenheit

Beachte:

Die Maßnahme darf auch durchgeführt werden, wenn Dritte unvermeidbar mitbetroffen werden (§ 100 h Abs. 3 StPO).

13.2 Einsatz technischer Mittel - § 100 h Abs. 1 Nr. 2 StPO

Eingriff in Art. 2 Abs. 1 i.V.m. Art. 1 Abs. 1 GG (Allgemeines Persönlichkeitsrecht)

I.   Anordnungsvoraussetzungen:

1.   **Einfacher Tatverdacht auf eine Straftat von erheblicher Bedeutung gemäß § 100 h Abs. 1 S. 2 StPO**

Konkrete, tatsächliche Anhaltspunkte für das Vorliegen einer Straftat von erheblicher Bedeutung.

Eine Straftat ist dann von *erheblicher Bedeutung*, wenn sie mindestens dem Bereich der mittleren Kriminalität zugeordnet werden kann, den Rechtsfrieden empfindlich stört und dazu geeignet ist, das Gefühl der Rechtssicherheit der Bevölkerung erheblich zu beeinträchtigen.

2.   **Adressaten der Maßnahme gemäß § 100 h Abs. 2 S. 1 und S. 2 Nr. 2 StPO:**

a)   **Ein als Täter/Teilnehmer Beschuldigter**

Beschuldigter ist der Tatverdächtige, gegen den polizeiliche oder staatsanwaltschaftliche Ermittlungen wegen des Verdachts einer strafbaren Handlung geführt werden.

b)   **Andere Personen,**

wenn aufgrund bestimmter Tatsachen anzunehmen ist, dass sie mit einem Beschuldigten in Verbindung stehen oder eine solche Verbindung hergestellt wird (= Kontaktpersonen) und die Maßnahme zur Erforschung des Sachverhalts oder zur Ermittlung des Aufenthaltsortes eines Beschuldigten führen wird.

Bei den sogenannten *Kontaktpersonen* handelt es sich demnach um Personen, die nicht Beschuldigte sind, von deren Beobachtung aber zu erwarten ist, dass hierdurch wichtige Hinweise für die Tataufklärung gewonnen werden können.

3. **Befugnis:**

   Verwendung sonstiger besonderer für Observationszwecke bestimmter technischer Mittel außerhalb von Wohnungen – auch ohne Wissen der Betroffenen.

   Gemeint sind damit Mittel, die weder das Aufzeichnen von Bild (dafür gilt § 100 h Abs. 1 Nr. 1 StPO) noch von Wort (dafür gelten § 100 f und § 100 c StPO) betreffen

   - zu denken sind hier z.B. an Peilsender, Bewegungsmelder, Nachtsichtgeräte oder GPS zur satellitengestützten Ortung eines Fahrzeuges.

4. **Subsidiaritätsgrundsatz:**

   a) **Für Beschuldigte (§ 100 h Abs. 1 S. 1 a.E. StPO):**

      Die Erforschung des Sachverhalts oder die Ermittlung des Aufenthaltsortes eines Beschuldigten muss auf andere Weise weniger erfolgversprechend (Erfolgsprognose) oder erschwert (Verfahrensverzögerung) sein.

   b) **Für andere Personen (§ 100 h Abs. 2 S. 2 Nr. 2 a.E. StPO):**

      Die Erforschung des Sachverhalts oder die Ermittlung des Aufenthaltsortes eines Beschuldigten muss auf andere Weise aussichtslos (Erfolgsprognose) oder wesentlich erschwert (Verfahrens-verzögerung) sein.

Beachte:

- **§ 160 a StPO** regelt den Schutz zeugnisverweigerungsberechtigter Berufsgeheimnisträger

- **§ 100 h Abs. 4 i.V.m. § 100 d Abs. 1 und 2 StPO trifft eine Regelung zum Schutz des Kernbereichs privater Lebensgestaltung.**

  § 100 h Abs. 4 StPO stellt klar, dass das Herstellen von Bildaufnahmen unzulässig ist, wenn tatsächliche Anhaltspunkte für die Annahme vorliegen, dass durch die Maßnahme allein Erkenntnisse aus dem Kernbereich privater Lebensgestaltung erlangt würden. Gemäß § 100 d Abs. 2 S. 1 StPO dürfen Erkenntnisse aus diesem Kernbereich nicht verwertet werden.

  Mit dem Verwertungsverbot korrespondiert die in § 100 d Abs. 2 S. 2 StPO dargelegte Pflicht, durch einen Eingriff in den Kernbereich erlangte Erkenntnisse unverzüglich zu löschen. Gemäß § 100 d Abs. 2 S. 3 StPO ist die Tatsache der Erlangung und der Löschung solcher Erkenntnisse aktenkundig zu machen.

II. **Anordnungsbefugnis:**

Staatsanwaltschaft und jeder Polizeibeamte

(nicht notwendig Ermittlungspersonen der Staatsanwaltschaft)

III. **Formvorschriften:**

1. **§ 100 h Abs. 4 i.V.m. § 100 d Abs. 1 und 2 StPO**

   Verwertungsverbot bei Erkenntnissen aus dem Kernbereich privater Lebensgestaltung.

2. **§ 101 Abs. 1, Abs. 4 S. 1 Nr. 7, S. 2, Abs. 5 S. 1 StPO**

   Grundsätzlich bestehende **Benachrichtigungspflicht** der Zielperson sowie der erheblich mitbetroffenen Personen (§ 101 Abs. 1, Abs. 4 S. 1 Nr. 7 StPO), sobald dies ohne Gefährdung des Untersuchungszwecks, des Lebens, der körperlichen Unversehrtheit und der persönlichen Freiheit einer Person und von bedeutenden Vermögenswerten möglich ist (§ 101 Abs. 5 S. 1 StPO).

   Dabei ist auf die Möglichkeit nachträglichen Rechtsschutzes nach Absatz 7 S. 2 und die dafür vorgesehene Frist hinzuweisen (§ 101 Abs. 4 S. 2 StPO).

   Für den Fall der **Zurückstellung einer Benachrichtigung** vgl. § 101 Abs. 5 S. 2, Abs. 6 StPO.

Die **Benachrichtigung unterbleibt**, wenn ihr überwiegend schutzwürdige Belange einer betroffenen Person entgegenstehen (§ 101 Abs. 4 S. 3 StPO).

3. **§ 101 Abs. 2 StPO**

Die Unterlagen der Maßnahme werden zunächst bei der Staatsanwaltschaft verwahrt. Ihre Übernahme in die (Haupt-)Akten ist an die Benachrichtigungspflicht nach Absatz 5 gekoppelt.

4. **§ 101 Abs. 3 S. 1 StPO**

Die durch die Maßnahme resultierenden personenbezogenen Daten sind als solche zu kennzeichnen.

5. **§ 101 Abs. 8 S. 1 StPO**

Die durch die Maßnahme resultierenden personenbezogenen Daten sind, sofern sie zur Strafverfolgung und für eine etwaige gerichtliche Überprüfung nicht mehr erforderlich sind, unverzüglich zu löschen.

IV. Verhältnismäßigkeit:

Geeignetheit - Erforderlichkeit - Angemessenheit

Beachte:

Die Maßnahme darf auch durchgeführt werden, wenn Dritte unvermeidbar mitbetroffen werden (§ 100 h Abs. 3 StPO).

---

14. Einsatz des „IMSI – Catchers" - § 100 i StPO

Eingriff in Art. 2 Abs. 1 i.V.m. Art 1. Abs. 1 GG (Recht auf informationelle Selbstbestimmung)

I.   **Anordnungsvoraussetzungen:**

1.   **Konkreter, einfacher Tatverdacht, dass jemand als Täter oder Teilnehmer eine Straftat von erheblicher Bedeutung, insbesondere eine in § 100 a Abs. 2 Nr. 1 bis 11 StPO bezeichnete schwere Straftat,**

     a)   **begangen hat,**

     b)   **versucht hat,**

     c)   **vorbereitet hat.**

     Es müssen bestimmte Tatsachen vorliegen, die den Verdacht einer solchen Straf- oder Vorbereitungstat begründen (§ 100 i Abs. 1 StPO).

     Eine Straftat ist dann von *erheblicher Bedeutung*, wenn sie mindestens dem Bereich der mittleren Kriminalität zugeordnet werden kann, den Rechtsfrieden empfindlich stört und dazu geeignet ist, das Gefühl der Rechtssicherheit der Bevölkerung erheblich zu beeinträchtigen.

2.   **Die Tat muss auch im Einzelfall von erheblicher Bedeutung sein.**

     In § 100 i Abs. 1 StPO wird klargestellt, dass die Anlasstat nicht nur abstrakt, sondern auch im konkreten Einzelfall von erheblicher Bedeutung sein muss.

     Damit sollen die Fälle ausgeschieden werden, die zwar eine Straftat von erheblicher Bedeutung, insbesondere eine Katalogtat des § 100 a Abs. 2 StPO, zum Gegenstand haben, aber mangels hinreichender Schwere im konkreten Einzelfall den mit einem Einsatz des „IMSI – Catchers" verbundenen Eingriff in das Recht auf informationelle Selbstbestimmung nicht zu rechtfertigen vermögen.

3.   **Adressaten der Maßnahme gemäß § 100 i Abs. 3 S. 1 i.V.m. § 100 a Abs. 3 StPO:**

     a)   **Der als Täter/Teilnehmer Beschuldigte**

          Beschuldigter ist der Tatverdächtige, gegen den polizeiliche oder staatsanwaltschaftliche Ermittlungen wegen des Verdachts einer strafbaren Handlung geführt werden.

b)   **Tatunverdächtige Personen:**

- **Nachrichtenmittler**

  Unter einem Nachrichtenmittler ist eine nichttatverdächtige Person zu verstehen, von der aufgrund von Tatsachen anzunehmen ist, dass sie für den Beschuldigten bestimmte oder von ihm herrührende Mitteilungen entgegennimmt oder weiterleitet.

- **Anschlussüberlasser**

  Zulässig ist der Einsatz des „IMSI – Catchers" aber auch bei solchen Personen, von denen aufgrund von Tatsachen anzunehmen ist, dass der Beschuldigte mit oder ohne ihr Wissen deren Anschluss oder ihr informationstechnisches System benutzt.

4.   **Befugnis:**

Ermittlung der Gerätenummer eines Mobilfunkendgerätes und die Kartennummer der darin verwendeten Karte (§ 100 i Abs. 1 Nr. 1 StPO) sowie der Standort eines Mobilfunkendgerätes (§ 100 i Abs. 1 Nr. 2 StPO) durch technische Mittel.

Eingesetzt werden dürfen „technische Mittel", insbesondere also der „IMSI – Catcher", zur Ermittlung der Geräte- und Kartennummer. Damit sind die für die Verkehrsabwicklung in den Mobilfunknetzen gebräuchlichen Kennungen IMSI und IMEI gemeint. Die 15-stellige International Mobile Subscriber Identity (IMSI = Kartennummer) dient der eindeutigen Identifizierung von Netzteilnehmern. Sie wird weltweit einmalig pro SIM – Karte vergeben und ist auch nur den Mobilfunknetzbetreibern bekannt. Die International Mobile Equipment Identity (IMEI = Gerätenummer) ist eine ebenfalls 15-stellige Seriennummer, anhand derer jedes GSM- oder UMTS – Endgerät eindeutig identifiziert werden kann.

Durch den Einsatz eines „IMSI – Catchers", der die feste Basisstation (Sende- und Empfangsanlage) eines Mobilfunknetzes simuliert, können beide Nummern eines aktiv geschalteten Mobilfunkanschlusses ermittelt werden. Dies ist etwa von Bedeutung, wenn die Rufnummer nicht bekannt ist, weil der Betroffene sich ein Mobiltelefon von einem Unbekannten geliehen oder eine Karte unter falschen Personalien gekauft hat; ferner lässt sich dadurch der genaue Standort eines aktiv geschalteten Mobiltelefons lokalisieren.

4. **Subsidiaritätsgrundsatz gemäß § 100 i Abs 1 a.E. StPO**

Die Erforschung des Sachverhalts oder die Ermittlung des Aufenthaltsortes des Beschuldigten muss erforderlich sein.

II. **Anordnungsbefugnis:**

§ 100 i Abs. 3 S. 1 i.V.m. § 100 e Abs. 1 S. 1 bis 3 StPO

Auf Antrag der Staatsanwaltschaft das Gericht, bei Gefahr im Verzug die Staatsanwaltschaft.

Gefahr im Verzug liegt vor, wenn die Anordnung des Gerichts nicht eingeholt werden kann, ohne dass der Erfolg der Maßnahme gefährdet wird.

Die Anordnung der Staatsanwaltschaft tritt gemäß § 100 e Abs. 1 S. 3 StPO außer Kraft, wenn sie nicht binnen drei Werktagen von dem Gericht bestätigt wird.

III. **Formvorschriften:**

1. **§ 100 i Abs. 2 StPO**

   Verwendungsregelung bzgl. der Erhebung personenbezogener Daten unbeteiligter Dritter.

2. **§ 100 i Abs. 3 S. 1 i.V.m. § 100 e Abs. 3 S. 1 StPO**

   Anordnungsform der Maßnahme.

3. **§ 100 i Abs. 3 S. 1 i.V.m. § 100 e Abs. 5 S. 1 StPO**

   Voraussetzungen zur Beendigung der Maßnahme.

4. **§ 100 i Abs. 3 S. 2 und 3 StPO**

   Zeitliche Begrenzung der Maßnahme auf höchstens sechs Monate mit der Möglichkeit einer Verlängerung um jeweils nicht mehr als sechs Monate.

5. **§ 101 Abs. 1, Abs. 4 S. 1 Nr. 8, S. 2, Abs. 5 S. 1 StPO**

   Grundsätzlich bestehende **Benachrichtigungspflicht** der Zielperson (§ 101 Abs. 1, Abs. 4 S. 1 Nr. 8 StPO), sobald dies ohne Gefährdung des Untersuchungszwecks, des Lebens, der körperlichen Unversehrtheit und der persönlichen Freiheit einer Person und von bedeutenden Vermögenswerten möglich ist (§ 101 Abs. 5 S. 1 StPO).

   Dabei ist auf die Möglichkeit nachträglichen Rechtsschutzes nach Absatz 7 S. 2 und die dafür vorgesehene Frist hinzuweisen (§ 101 Abs. 4 S. 2 StPO).

Für den Fall der **Zurückstellung einer Benachrichtigung** vgl. § 101 Abs. 5 S. 2, Abs. 6 StPO.

Die **Benachrichtigung unterbleibt**, wenn ihr überwiegende schutzwürdige Belange einer betroffenen Person entgegenstehen (§ 101 Abs. 4 S. 3 StPO).

6. **§ 101 Abs. 3 S. 1 StPO**

Die durch die Maßnahme resultierenden personenbezogenen Daten sind als solche zu kennzeichnen.

7. **§ 101 Abs. 8 S. 1 StPO**

Die durch die Maßnahme resultierenden personenbezogenen Daten sind, sofern sie zur Strafverfolgung und für eine etwaige gerichtliche Überprüfung nicht mehr erforderlich sind, unverzüglich zu löschen.

8. **§ 479 Abs. 2 StPO**

Verwendungsregelung von Zufallserkenntnissen.

IV. **Verhältnismäßigkeit:**

Geeignetheit - Erforderlichkeit – Angemessenheit

Beachte:

§ 100 j StPO normiert die strafprozessualen Erhebungsbefugnisse für Bestandsdaten. *Bestandsdaten* sind vor allem Name und Anschrift des Anschlussinhabers, zugeteilte Rufnummern und andere Anschlusskennungen, für die eine Speicherungspflicht nach § 172 Abs. 1 S. 1 TKG besteht; nicht erfasst werden die bei der eigentlichen Telekommunikation anfallenden Verbindungsdaten (Verkehrsdaten).

§ 100 k StPO regelt die Erhebung von Nutzungsdaten bei Telemediendiensten. Die in Absatz 1 geregelten Anordnungsvoraussetzungen entsprechen denen des § 100 g Abs. 1 S. 1, 3 und 4 StPO. Absatz 2 S. 1 ermöglicht die Erhebung von Nutzungsdaten zur Aufklärung von solchen Straftaten, die nicht die Schwere der Katalogtaten erreichen, aber typischerweise mittels Telemedien begangen werden. Gemäß S. 2 ist hier die Erhebung von Standortdaten nicht zulässig.

Absatz 4 enthält eine mit § 100 a Abs. 3 StPO vergleichbare Regelung.

Gemäß § 100 k Abs. 5 StPO gilt die Norm nur für geschäftsmäßige Telemediendienstanbieter, weshalb sich die sonstige Erhebung nach allgemeinen Vorschriften wie z.B. § 94 StPO richtet.

15.1 Durchsuchung bei Beschuldigten - § 102 StPO

Eingriff in Art. 2 Abs. 1 i.V.m. Art. 1 Abs. 1 GG (Allgemeines Persönlichkeitsrecht) und
gegebenenfalls in Art. 13 Abs. 1 GG (Unverletzlichkeit der Wohnung)

I.   Anordnungsvoraussetzungen:

1.   **Einfacher Tatverdacht**

Konkrete, tatsächliche Anhaltspunkte für das Vorliegen einer verfolgbaren
Straftat oder der Datenhehlerei, Begünstigung, Strafvereitelung oder Hehlerei.

2.   **Verdächtige Person**

Als *verdächtig* sind solche Personen anzusehen, bei denen Anhaltspunkte dafür bestehen, dass sie als Täter oder Teilnehmer einer Straftat in Betracht
kommen.

(Anmerkung: Hier kann aufgrund der geänderten Überschrift auch der Begriff
des **Beschuldigten** genommen werden)

3.   **Durchsuchungsobjekte:**

a)   **Wohnung und andere Räume des Verdächtigen**

Hierzu zählen Räumlichkeiten, die der Verdächtige tatsächlich innehat,
gleichgültig, ob er sie befugt oder unbefugt nutzt, ob er Allein- oder Mit-
inhaber ist; auch die Dauer der Nutzung ist unbeachtlich.

b)   **Person des Verdächtigen**

Das Durchsuchen der Person besteht im Suchen nach Sachen oder
Spuren in oder unter der Kleidung, auch auf der Körperoberfläche und
in solchen natürlichen Körperöffnungen, die ohne Eingriff mit medi-
zinischen Hilfsmitteln einzusehen sind (z.B. die Mundhöhle).

c)   **Sachen des Verdächtigen**

Sachen sind Kleidungsstücke, die der Verdächtige bei sich führt, ohne
sie zu tragen und seine sonstige bewegliche Habe (Koffer, Taschen,
Kfz etc.). „Ihm gehörend" bedeutet nicht das Eigentum, sondern um-
fasst den Besitz, Gewahrsam und Mitgewahrsam.

4. **Durchsuchungszweck:**

   Ermittlungs- und / oder Ergreifungsdurchsuchung

   a)   Ergreifung des Verdächtigen

   b)   Auffinden von Beweismitteln und/oder Spuren

   c)   Auffinden von Einziehungsgegenständen

5. **Erfolgsaussicht:**

   Bloße Auffindungsvermutung genügt, dass der Durchsuchungszweck erreicht wird.

II.   Anordnungsbefugnis:

§ 105 Abs. 1 StPO

Richter, bei Gefahr im Verzug die Staatsanwaltschaft und die Ermittlungspersonen der Staatsanwaltschaft.

Gefahr im Verzug liegt vor, wenn die Anordnung des Richters nicht eingeholt werden kann, ohne dass der Erfolg der Maßnahme gefährdet wird.

III.   Formvorschriften:

1. **§ 104 StPO**

   Raumdurchsuchungen zur Nachtzeit (vgl. Absatz 3) dürfen gemäß § 104 Abs. 1 StPO nur bei Verfolgung auf frischer Tat (Nr. 1), bei Gefahr im Verzug (Nr. 2), wenn bestimmte Tatsachen den Verdacht begründen, dass während der Durchsuchung auf ein elektronisches Speichermedium zugegriffen werden wird, das als Beweismittel in Betracht kommt, und ohne die Durchsuchung zur Nachtzeit die Auswertung des elektronischen Speichermediums, insbesondere in unverschlüsselter Form, aussichtslos oder wesentlich erschwert wäre (Nr. 3) oder zur Wiederergreifung eines entwichenen Gefangenen (Nr. 4 - *Gefangener* ist derjenige, dem aufgrund amtlicher Anordnung die Freiheit entzogen worden ist) stattfinden.

Gemäß § 104 Abs. 2 StPO sind bestimmte Räume von den Beschränkungen des Absatzes 1 ausgenommen. Dazu gehören:

- Räume, die zur Nachtzeit jedermann zugänglich sind, auch wenn der Zugang nur gegen Entgelt gewährt wird (z.B. Gasthäuser, Bahnhofshallen oder Bars).

- Räume, die der Polizei als Herbergen oder Versammlungsorte bestrafter Personen bekannt sind (z.B. Hehlerkneipen).

- Räume, die der Polizei als Niederlagen von Sachen, die mittels Straftaten erlangt wurden, bekannt sind (z.B. Garagen, die zur Lagerung von Diebesgut oder Hehlerware benutzt werden).

- Räume, die der Polizei als Schlupfwinkel des Glücksspiels, des unerlaubten Betäubungsmittel- und Waffenhandels oder der Prostitution bekannt sind (z.B. geheime Spielclubs oder Bordelle).

Personen und Sachen können zur Nachtzeit durchsucht werden, wenn damit keine Hausdurchsuchung verbunden ist.

2. **§ 105 Abs. 2 StPO**

Bei Raumdurchsuchungen sind grundsätzlich Zeugen hinzuzuziehen, allerdings muss dies auch möglich sein. Die Möglichkeit der Zuziehung von Zeugen ist abhängig

- vom Zeitfaktor,
- von der Eignung und Bereitschaft vorhandener Personen,
- von dem Gefährdungsgrad zugezogener Personen.

Auch kann dem Wunsch des Betroffenen, von der Zuziehung Dritter abzusehen, entsprochen werden.

Die Entscheidung über die Zeugenzuziehung trifft der Beamte nach pflichtgemäßem Ermessen.

3. **§ 106 Abs. 1 StPO**

Wenn möglich ist der Inhaber der zu durchsuchenden Räume oder ein Dritter hinzuzuziehen.

4. **§ 81 d StPO**

Diese Vorschrift gilt auch für körperliche Durchsuchungen, wenn sie das Schamgefühl der zu durchsuchenden Person verletzen können. Eine solche Durchsuchung ist entsprechend § 81 d Abs. 1 S. 1 StPO einer Person gleichen Geschlechts oder einem Arzt / einer Ärztin zu übertragen.

Nach § 81 d Abs. 1 S. 2 StPO besteht ein grundsätzliches Wahlrecht hinsichtlich des Geschlechts der Durchsuchenden - damit soll individuellen Befindlichkeiten der Betroffenen Rechnung getragen werden.

5. **§ 107 S. 1 StPO**

Ausstellung einer Durchsuchungsbescheinigung.

6. **§ 110 StPO**

Die Durchsicht von Papieren steht grundsätzlich der Staatsanwaltschaft und auf deren Anordnung ihren Ermittlungspersonen zu (§ 110 Abs. 1 StPO), mit Zustimmung des Betroffenen auch jedem Polizeibeamten (§ 110 Abs. 2 S. 1 StPO). Andernfalls sind die Papiere, deren Durchsicht für geboten erachtet werden, mitzunehmen und bei der Staatsanwaltschaft abzuliefern (§ 110 Abs. 2 S. 2 StPO).

Als *Papiere* i.S.d. § 110 StPO sind auch Unterlagen anzusehen, bei denen statt Papier ein anderes Material verwendet worden ist, wie z.B. Tonträger, Filme, Disketten etc.

§ 110 Abs. 3 StPO erlaubt unter bestimmten Voraussetzungen die Durchsicht elektronischer Datenträger auf räumlich getrennten Speichermedien, um festzustellen, ob dort beweisrelevante Daten gespeichert sind; diese Daten dürfen dann auch gesichert werden.

Gemäß § 110 Abs. 4 StPO gelten die §§ 95 a und 98 Abs. 2 StPO entsprechend.

7. **Bekanntgabe des Durchsuchungszweckes**

Wenn der Untersuchungserfolg nicht gefährdet wird, sollte der Durchsuchungszweck bekannt gegeben werden.

IV. **Verhältnismäßigkeit:**

Geeignetheit - Erforderlichkeit - Angemessenheit

15.2 Durchsuchung bei anderen Personen - § 103 Abs. 1 S. 1 StPO

Eingriff in Art. 2 Abs. 1 i.V.m. Art. 1 Abs. 1 GG (Allgemeines Persönlichkeitsrecht) und
gegebenenfalls in Art. 13 Abs. 1 GG (Unverletzlichkeit der Wohnung)

I. Anordnungsvoraussetzungen:

1. **Einfacher Tatverdacht**

   Konkrete, tatsächliche Anhaltspunkte für das Vorliegen einer verfolgbaren Straftat oder der Datenhehlerei, Begünstigung, Strafvereitelung oder Hehlerei.

2. **Andere Person:**

   Betroffener ist unverdächtig

   Als *unverdächtig* sind solche Personen anzusehen, bei denen keine Anhaltspunkte dafür bestehen, dass sie als Täter oder Teilnehmer einer Straftat in Betracht kommen oder die wegen des Vorliegens von Schuld- oder Strafausschließungsgründen nicht verfolgt werden können.

3. **Durchsuchungsobjekte:**

   a) **Wohnung und andere Räume des Unverdächtigen**

   b) **Person des Unverdächtigen**

   c) **Sachen des Unverdächtigen**

   (zu Einzelheiten vgl. hier jeweils die Ausführungen zu § 102 StPO)

4. **Durchsuchungszweck:**

   Ermittlungs- und / oder Ergreifungsdurchsuchung

   a) Ergreifung des *Beschuldigten*

   Der Tatverdacht muss so weit konkretisiert sein, dass gegen den Verdächtigen, dessen Identität aber noch nicht festzustehen braucht, Maßnahmen ergriffen worden sind, die ihn zum Beschuldigten machen.

   b) Auffinden von *bestimmten* Spuren und/oder *bestimmten* Beweismitteln.

   c) Auffinden von *bestimmten* Einziehungsgegenständen.

5. **Erfolgsaussicht:**

   Aufgrund *bestimmter Tatsachen* muss die Annahme gerechtfertigt sein, dass der Durchsuchungszweck erreicht wird.

II. Anordnungsbefugnis:

§ 105 Abs. 1 StPO

Richter, bei Gefahr im Verzug die Staatsanwaltschaft und die Ermittlungspersonen der Staatsanwaltschaft.

Gefahr im Verzug liegt vor, wenn die Anordnung des Richters nicht eingeholt werden kann, ohne dass der Erfolg der Maßnahme gefährdet wird.

III. Formvorschriften:

1. § 104 StPO

Raumdurchsuchungen zur Nachtzeit (vgl. Absatz 3) dürfen gemäß § 104 Abs. 1 StPO nur bei Verfolgung auf frischer Tat (Nr. 1), bei Gefahr im Verzug (Nr. 2), wenn bestimmte Tatsachen den Verdacht begründen, dass während der Durchsuchung auf ein elektronisches Speichermedium zugegriffen werden wird, das als Beweismittel in Betracht kommt, und ohne die Durchsuchung zur Nachtzeit die Auswertung des elektronischen Speichermediums, insbesondere in unverschlüsselter Form, aussichtslos oder wesentlich erschwert wäre (Nr. 3) oder zur Wiederergreifung eines entwichenen Gefangenen (Nr. 4 - *Gefangener* ist derjenige, dem aufgrund amtlicher Anordnung die Freiheit entzogen worden ist) stattfinden.

Gemäß § 104 Abs. 2 StPO sind bestimmte Räume von den Beschränkungen des Absatzes 1 ausgenommen. Dazu gehören:

- Räume, die zur Nachtzeit jedermann zugänglich sind, auch wenn der Zugang nur gegen Entgelt gewährt wird (z.B. Gasthäuser, Bahnhofshallen oder Bars).
- Räume, die der Polizei als Herbergen oder Versammlungsorte bestrafter Personen bekannt sind (z.B. Hehlerkneipen).
- Räume, die der Polizei als Niederlagen von Sachen, die mittels Straftaten erlangt wurden, bekannt sind (z.B. Garagen, die zur Lagerung von Diebesgut oder Hehlerware benutzt werden).

- Räume, die der Polizei als Schlupfwinkel des Glücksspiels, des unerlaubten Betäubungsmittel- und Waffenhandels oder der Prostitution bekannt sind (z.B. geheime Spielclubs oder Bordelle).

Personen und Sachen können zur Nachtzeit durchsucht werden, wenn damit
keine Hausdurchsuchung verbunden ist.

2. **§ 105 Abs. 2 StPO**

Bei Raumdurchsuchungen sind grundsätzlich Zeugen hinzuzuziehen, allerdings muss dies auch möglich sein. Die Möglichkeit der Zuziehung von Zeugen ist abhängig

- vom Zeitfaktor,
- von der Eignung und Bereitschaft vorhandener Personen,
- von dem Gefährdungsgrad zugezogener Personen.

Auch kann dem Wunsch des Betroffenen, von der Zuziehung Dritter abzusehen, entsprochen werden.

Die Entscheidung über die Zeugenzuziehung trifft der Beamte nach pflichtgemäßem Ermessen.

3. **§ 106 Abs. 1 StPO**

Wenn möglich ist der Inhaber der zu durchsuchenden Räume oder ein Dritter
hinzuzuziehen.

4. **§ 106 Abs. 2 StPO**

Der Durchsuchungszweck ist grundsätzlich vor der Durchsuchung bekannt zu
geben, sofern die Durchsuchung nicht unter den Voraussetzungen des § 104
Abs. 2 StPO stattfindet.

5. **§ 81 d StPO**

Diese Vorschrift gilt auch für körperliche Durchsuchungen, wenn sie das
Schamgefühl der zu durchsuchenden Person verletzen können. Eine solche
Durchsuchung ist entsprechend § 81 d Abs. 1 S. 1 StPO einer Person glei-
chen Geschlechts oder einem Arzt / einer Ärztin zu übertragen.

Nach § 81 d Abs. 1 S. 2 StPO besteht ein grundsätzliches Wahlrecht hinsichtlich des Geschlechts der Durchsuchenden - damit soll individuellen Befindlichkeiten der Betroffenen Rechnung getragen werden.

6. **§ 107 S. 1 StPO**

Ausstellung einer Durchsuchungsbescheinigung.

7. **§ 110 StPO**

Die Durchsicht von Papieren steht grundsätzlich der Staatsanwaltschaft und auf deren Anordnung ihren Ermittlungspersonen zu (§ 110 Abs. 1 StPO), mit Zustimmung des Betroffenen auch jedem Polizeibeamten (§ 110 Abs. 2 S. 1 StPO). Andernfalls sind die Papiere, deren Durchsicht für geboten erachtet werden, mitzunehmen und bei der Staatsanwaltschaft abzuliefern (§ 110 Abs. 2 S. 2 StPO).

Als *Papiere* i.S.d. § 110 StPO sind auch Unterlagen anzusehen, bei denen statt Papier ein anderes Material verwendet worden ist, wie z.B. Tonträger, Filme, Disketten etc.

§ 110 Abs. 3 StPO erlaubt unter bestimmten Voraussetzungen die Durchsicht elektronischer Datenträger auf räumlich getrennten Speichermedien, um festzustellen, ob dort beweisrelevante Daten gespeichert sind; diese Daten dürfen dann auch gesichert werden.

Gemäß § 110 Abs. 4 StPO gelten die §§ 95 a und 98 Abs. 2 StPO entsprechend.

IV. **Verhältnismäßigkeit:**

Geeignetheit - Erforderlichkeit - Angemessenheit

---

§ 103 Abs. 2 StPO (Raumdurchsuchung) immer „im Hinterkopf behalten":

Wird der Beschuldigte in einer Wohnung oder Raumeinheit ergriffen oder betritt er solche Räume während seiner Verfolgung, ohne dass es gelingt, ihn dort zu ergreifen, so ist die Durchsuchung dieser Räume ohne die Einschränkungen des § 103 Abs. 1 S. 1 StPO - d.h. unter den Voraussetzungen des § 102 StPO - zulässig. Denn infolge der Beziehung, die der Beschuldigte in den Fällen des Absatzes 2 zu den Räumen von sich aus hergestellt hat, liegt kraft gesetzlicher Vermutung die Annahme nahe, dass irgendein denkbarer Durchsuchungszweck erreicht werden kann.

15.3 Durchsuchung bei anderen Personen - § 103 Abs. 1 S. 2 StPO

Eingriffe in Art. 2 Abs. 1 i.V.m. Art. 1 Abs. 1 GG (Allgemeines Persönlichkeitsrecht)
und in Art. 13 Abs. 1 GG (Unverletzlichkeit der Wohnung)

I. Anordnungsvoraussetzungen:

1. **Dringender Tatverdacht**

   Hohe Wahrscheinlichkeit dafür, dass der Beschuldigte als Täter oder Teilnehmer einer Straftat nach § 89 a StGB, § 89 c Abs. 1 bis 4 StGB oder nach § 129 a StGB, auch in Verbindung mit § 129 b Abs. 1 StGB, oder eine der dort bezeichneten Straftaten in Betracht kommt.

   Nur aus bestimmten Tatsachen, nicht aus bloßen Vermutungen, darf der dringende Tatverdacht hergeleitet werden.

2. **Andere Person:**

   Betroffener ist unverdächtig

   Als *unverdächtig* sind solche Personen anzusehen, bei denen keine Anhaltspunkte dafür bestehen, dass sie als Täter oder Teilnehmer einer Straftat in Betracht kommen oder die wegen des Vorliegens von Schuld- oder Strafausschließungsgründen nicht verfolgt werden können.

3. **Durchsuchungsobjekt:** **Gebäude**

4. **Durchsuchungszweck:** **Ergreifung des Beschuldigten**

5. **Erfolgsaussicht:**

   Aufgrund festgestellter Tatsachen muss die Annahme gerechtfertigt sein, dass sich der Beschuldigte in dem Gebäude aufhält.

II. Anordnungsbefugnis:

§ 105 Abs. 1 S. 2 StPO

Richter, bei Gefahr im Verzug die Staatsanwaltschaft.

Gefahr im Verzug liegt vor, wenn die Anordnung des Richters nicht eingeholt werden kann, ohne dass der Erfolg der Maßnahme gefährdet wird.

III. Formvorschriften:

1. § 104 StPO

Raumdurchsuchungen zur Nachtzeit (vgl. Absatz 3) dürfen gemäß § 104 Abs. 1 StPO nur bei Verfolgung auf frischer Tat (Nr. 1), bei Gefahr im Verzug (Nr. 2), wenn bestimmte Tatsachen den Verdacht begründen, dass während der Durchsuchung auf ein elektronisches Speichermedium zugegriffen werden wird, das als Beweismittel in Betracht kommt, und ohne die Durchsuchung zur Nachtzeit die Auswertung des elektronischen Speichermediums, insbesondere in unverschlüsselter Form, aussichtslos oder wesentlich erschwert wäre (Nr. 3) oder zur Wiederergreifung eines entwichenen Gefangenen (Nr. 4 - *Gefangener* ist derjenige, dem aufgrund amtlicher Anordnung die Freiheit entzogen worden ist) stattfinden.

Gemäß § 104 Abs. 2 StPO sind bestimmte Räume von den Beschränkungen des Absatzes 1 ausgenommen. Dazu gehören:

- Räume, die zur Nachtzeit jedermann zugänglich sind, auch wenn der Zugang nur gegen Entgelt gewährt wird (z.B. Gasthäuser, Bahnhofshallen oder Bars).

- Räume, die der Polizei als Herbergen oder Versammlungsorte bestrafter Personen bekannt sind (z.B. Hehlerkneipen).

- Räume, die der Polizei als Niederlagen von Sachen, die mittels Straftaten erlangt wurden, bekannt sind (z.B. Garagen, die zur Lagerung von Diebesgut oder Hehlerware benutzt werden).

- Räume, die der Polizei als Schlupfwinkel des Glücksspiels, des unerlaubten Betäubungsmittel- und Waffenhandels oder der Prostitution bekannt sind (z.B. geheime Spielclubs oder Bordelle).

Personen und Sachen können zur Nachtzeit durchsucht werden, wenn damit keine Hausdurchsuchung verbunden ist.

2. § 105 Abs. 2 StPO

Bei Raumdurchsuchungen sind grundsätzlich Zeugen hinzuzuziehen, allerdings muss dies auch möglich sein. Die Möglichkeit der Zuziehung von Zeugen ist abhängig

- vom Zeitfaktor,

- von der Eignung und Bereitschaft vorhandener Personen,

- von dem Gefährdungsgrad zugezogener Personen.

Auch kann dem Wunsch des Betroffenen, von der Zuziehung Dritter abzusehen, entsprochen werden.

Die Entscheidung über die Zeugenzuziehung trifft der Beamte nach pflichtgemäßem Ermessen.

3. **§ 106 Abs. 1 StPO**

Wenn möglich ist der Inhaber der zu durchsuchenden Räume oder ein Dritter hinzuzuziehen.

4. **§ 106 Abs. 2 StPO**

Der Durchsuchungszweck ist grundsätzlich vor der Durchsuchung bekannt zu geben, sofern die Durchsuchung nicht unter den Voraussetzungen des § 104 Abs. 2 StPO stattfindet.

5. **§ 107 S. 1 StPO**

Ausstellung einer Durchsuchungsbescheinigung.

6. **§ 110 StPO**

Diese Formvorschrift wird vorliegend eher nicht einschlägig sein, da Durchsuchungszweck nur die Ergreifung des Beschuldigten sein darf, weshalb Behältnisse, in denen sich wegen ihrer geringen Größe niemand verbergen kann, nur dann durchsucht werden dürfen, wenn aufgrund bestimmter Tatsachen der Verdacht besteht, dass sich dort Unterlagen befinden, die die Ergreifung des Beschuldigten ermöglichen – dies wird nur in Ausnahmefällen der Fall sein.

IV. Verhältnismäßigkeit:

Geeignetheit - Erforderlichkeit - Angemessenheit

16. Einstweilige Beschlagnahme von Zufallsfunden
- § 108 Abs. 1 S. 1 StPO -
Eingriff in Art. 14 Abs. 1 S. 1 GG (Eigentum / Besitz)

I. Anordnungsvoraussetzungen:

1. **Rechtmäßige Durchsuchung nach § 102 oder § 103 Abs. 1 S. 1, Abs. 2 oder § 163 b StPO.**

2. **Auffinden eines Gegenstandes, der auf die Verübung einer anderen Straftat hindeutet.**

   Auf eine andere Straftat deutet ein Gegenstand hin, wenn sich aus dem Fund selbst oder der Art seines Auffindens tatsächliche Anhaltspunkte für eine Straftat ergeben.

3. **Der Gegenstand kommt als Beweismittel oder als Einziehungsgegenstand in Betracht (vgl. § 111 b Abs. 2 StPO).**

4. **Kein Beschlagnahmeverbot gemäß §§ 96, 97 oder § 148 StPO.**

II. Anordnungsbefugnis:

Richter, die Staatsanwaltschaft und jeder Polizeibeamte

(nicht notwendig Ermittlungspersonen der Staatsanwaltschaft);
Gefahr im Verzug wird nach § 108 StPO gesetzlich vermutet.

III. Formvorschriften:

1. **Bekanntgabe der Maßnahme an den Betroffenen**
2. **§ 98 Abs. 2 S. 2, 5 StPO**

   Bei nicht gerichtlicher Anordnung ist der Betroffene über sein Recht auf Beantragung einer gerichtlichen Entscheidung zu belehren.
3. **§ 107 S. 2 StPO**

   Ausstellung eines Verzeichnisses oder einer Bescheinigung.

4. **§ 109 StPO**

Kennzeichnung der Gegenstände.

IV. **Verhältnismäßigkeit:**

Geeignetheit - Erforderlichkeit - Angemessenheit

Weiteres Verfahren:

Nach Durchführung der einstweiligen Beschlagnahme muss gemäß § 108 Abs. 1 S. 2 StPO die Staatsanwaltschaft unterrichtet werden.

Gibt diese den Gegenstand nicht frei, muss sie eine Beschlagnahme nach §§ 94 Abs. 2, 98 StPO herbeiführen. Da insoweit keine Gefahr im Verzug mehr vorliegt, ordnet das Gericht des neuen Verfahrens die Beschlagnahme an. Andernfalls muss die einstweilige Beschlagnahme aufgehoben und die Sache freigegeben werden.

Beachte § 108 Abs. 1 S. 3 StPO:

Bei Gebäudedurchsuchungen, die nach § 103 Abs. 1 S. 2 StPO nur der Ergreifung des Beschuldigten dienen, gilt § 108 Abs. 1 S. 1 StPO nicht.

Das schließt aber nicht aus, dass bei Gefahr im Verzug der Staatsanwalt oder die nach § 98 Abs. 1 S. 1 StPO dazu befugte Ermittlungsperson auch bei Gebäudedurchsuchungen Gegenstände nach § 94 Abs. 2 StPO beschlagnahmt, die als Beweismittel für irgendeine Straftat von Bedeutung sein können.

Beachte § 108 Abs. 2 und Abs. 3 StPO:

Werden bei einer in einem Strafverfahren gegen einen Arzt durchgeführten Durchsuchung Zufallsfunde gemacht, die den Schwangerschaftsabbruch einer Patientin betreffen, so dürfen diese gemäß **§ 108 Abs. 2 StPO** zu Beweiszwecken in einem Strafverfahren gegen die Patientin wegen einer Straftat nach § 218 StGB nicht verwertet werden.

§ 108 Abs. 3 StPO regelt die Verwertungsmöglichkeit eines Zufallsfundes, der bei einer in § 53 Abs. 1 S. 1 Nr. 5 StPO genannten Person gefunden wird und auf den sich das Zeugnisverweigerungsrecht der genannten Person erstreckt.

---

17. Verdeckte Ermittler - § 110 a StPO

Eingriff in Art. 2 Abs. 1 i.V.m. Art. 1 Abs. 1 GG (Recht auf informationelle Selbstbestimmung) und gegebenenfalls in Art. 13 Abs. 1 GG (Unverletzlichkeit der Wohnung)

I.   **Anordnungsvoraussetzungen:**

1.   **Zureichende tatsächliche Anhaltspunkte einer Straftat von erheblicher Bedeutung i.S.d. § 110 a Abs. 1 S. 1 Nr. 1 bis 4 StPO**

Ein bestimmter Grad des Tatverdachtes wird nicht gefordert; demnach genügt ein einfacher Tatverdacht.

Eine Straftat ist dann von *erheblicher Bedeutung*, wenn sie mindestens dem Bereich der mittleren Kriminalität zugeordnet werden kann, den Rechtsfrieden empfindlich stört und dazu geeignet ist, das Gefühl der Rechtssicherheit der Bevölkerung erheblich zu beeinträchtigen.

2.   **Befugnis:**

Einsatz eines Verdeckten Ermittlers unter Beachtung der §§ 110 c und 110 d StPO

Verdeckte Ermittler sind nach der Legaldefinition des § 110 a Abs. 2 S. 1 StPO Beamte des Polizeidienstes, die unter einer ihnen verliehenen, auf Dauer angelegten, veränderten Identität (Legende) ermitteln. Sie dürfen unter dieser Legende am Rechtsverkehr teilnehmen (§ 110 a Abs. 2 S. 2 StPO).

Beachte:

Darüber hinausgehend dürfen Verdeckte Ermittler gemäß **§ 110 a Abs. 1 S. 2 StPO** auch eingesetzt werden zur **Aufklärung von Verbrechen**, soweit aufgrund bestimmter Tatsachen die **Gefahr der Wiederholung** besteht.

Das Verbrechen muss nicht dem Straftatenkatalog des Satzes 1 angehören. Der Begriff der Wiederholungsgefahr bestimmt sich wie bei § 112 a StPO.

Im Übrigen ist der Einsatz eines Verdeckten Ermittlers bei Verbrechen ohne Wiederholungsgefahr gemäß **§ 110 Abs. 1 S. 4 StPO** zulässig bei **besonderer Bedeutung der Tat** und **Aussichtslosigkeit anderer Ermittlungsmaßnahmen**.

---

3.   **Subsidiaritätsgrundsatz gemäß § 110 a Abs. 1 S. 3 StPO:**

Die Aufklärung der Straftat muss, sofern die Straftat unter den aufgeführten Katalog fällt oder der Einsatz bei einem Verbrechen nur wegen Wiederholungsgefahr erlaubt ist, auf andere Weise aussichtslos (Erfolgsprognose) oder wesentlich erschwert (Verfahrensverzögerung) sein.

II.   **Anordnungsbefugnis:**

§ 110 b Abs. 1 und 2 StPO

Grundsätzlich hat gemäß **§ 110 b Abs. 1 S. 1 StPO** die Staatsanwaltschaft vor dem Einsatz des Verdeckten Ermittlers ihre Zustimmung zu erteilen.

Bei Gefahr im Verzug kann die Zustimmung der Staatsanwaltschaft nachträglich eingeholt werden.

Gefahr im Verzug liegt vor, wenn die Anordnung der Staatsanwaltschaft nicht eingeholt werden kann, ohne dass der Erfolg der Maßnahme gefährdet wird.

Die Zustimmung ist in diesen Fällen binnen drei Werktagen einzuholen. Stimmt die Staatsanwaltschaft innerhalb der Frist nicht zu, ist die Maßnahme gemäß § 110 b Abs. 1 S. 2, zweiter Halbsatz StPO zu beenden.

In bestimmten Fällen ist gemäß **§ 110 b Abs. 2 StPO** für die Zulässigkeit des Einsatzes eines Verdeckten Ermittlers auch die Zustimmung des Gerichts erforderlich.

Bei Gefahr im Verzug genügt auch hier zunächst die Zustimmung der Staatsanwaltschaft (Absatz 2 S. 2). Lässt sich diese nicht rechtzeitig einholen, kann der Einsatz auch ohne sie angeordnet werden; jedoch muss die Zustimmung der Staatsanwaltschaft unverzüglich, die des Gerichts binnen drei Werktagen erfolgen (Absatz 2 S. 3, 2. Halbsatz und S. 4).

III.   **Formvorschriften:**

1.   **§ 110 a Abs. 1 S. 2 i.V.m. § 100 d Abs. 1 und 2 StPO**

Verwertungsverbot bei Erkenntnissen aus dem Kernbereich privater Lebensgestaltung.

2. **§ 110 b Abs. 1 S. 3, Abs. 2 S. 5 StPO**

Anordnungsform der Maßnahme mit einer Befristung.

3. **§ 110 b Abs. 1 S. 4, Abs. 2 S. 5 StPO**

Möglichkeit einer Verlängerung.

4. **§ 110 b Abs. 3 S. 1 StPO**

Die Identität des Verdeckten Ermittlers kann auch nach der Beendigung des Einsatzes geheimgehalten werden.

5. **§ 110 b Abs. 3 S. 2 StPO**

Die Staatsanwaltschaft und das Gericht, die für die Entscheidung über die Zustimmung zuständig sind, können die Benennung der Person des Verdeckten Ermittlers verlangen.

6. **§ 110 b Abs. 3 S. 3 StPO**

Voraussetzungen der Geheimhaltung der Identität in einem Strafverfahren.

7. **§ 101 Abs. 1, Abs. 4 S. 1 Nr. 9, S. 2, Abs. 5 S. 1 StPO**

Grundsätzlich bestehende **Benachrichtigungspflicht** der Zielperson, der erheblich mitbetroffenen Personen und der Personen, deren nicht allgemein zugängliche Wohnung der Verdeckte Ermittler betreten hat (§ 101 Abs. 1, Abs. 4 S. 1 Nr. 9 StPO), sobald dies ohne Gefährdung des Untersuchungszwecks, des Lebens, der körperlichen Unversehrtheit und der persönlichen Freiheit einer Person und von bedeutenden Vermögenswerten sowie der Möglichkeit der weiteren Verwendung des Verdeckten Ermittlers möglich ist (§ 101 Abs. 5 S. 1 StPO).

Dabei ist auf die Möglichkeit nachträglichen Rechtsschutzes nach Absatz 7 S. 2 und die dafür vorgesehene Frist hinzuweisen (§ 101 Abs. 4 S. 2 StPO).

Für den Fall der **Zurückstellung einer Benachrichtigung** vgl. § 101 Abs. 5 S. 2, Abs. 6 StPO.

Die **Benachrichtigung unterbleibt**, wenn ihr überwiegende schutzwürdige Belange einer betroffenen Person entgegenstehen (§ 101 Abs. 4 S. 3 StPO).

8. **§ 101 Abs. 2 StPO**

Die Unterlagen der Maßnahme werden zunächst bei der Staatsanwaltschaft verwahrt. Ihre Übernahme in die (Haupt-)Akten ist an die Benachrichtigungspflicht nach Absatz 5 gekoppelt.

9. **§ 101 Abs. 3 S. 1 StPO**

Die durch die Maßnahme resultierenden personenbezogenen Daten sind als solche zu kennzeichnen.

10. **§ 101 Abs. 8 S. 1 StPO**

Die durch die Maßnahme resultierenden personenbezogenen Daten sind, sofern sie zur Strafverfolgung und für eine etwaige gerichtliche Überprüfung nicht mehr erforderlich sind, unverzüglich zu löschen.

11. **§ 161 Abs. 3 und § 479 Abs. 2 StPO**

Verwendungsregelungen von Zufallserkenntnissen.

IV. Verhältnismäßigkeit:

Geeignetheit - Erforderlichkeit - Angemessenheit

Beachte:

Auch **nicht öffentlich ermittelnde Polizeibeamte (= NOEP)** sind verdeckt ermittelnde Beamte, die unter einer Legende auftreten. Im Gegensatz zu den soeben genannten Verdeckten Ermittlern erfolgt ihr **Einsatz** jedoch nur **kurzfristig**, z.B. als Scheinkäufer in BtMG-Fällen.

V-Leute sind (Vertrauens-)Personen, die zumeist aus dem einschlägigen Milieu stammen, mithin also **nicht Polizeibeamte** sind, aber gleichwohl bereit sind, die Polizei bei der Aufklärung von Straftaten **auf längere Zeit** vertraulich zu unterstützen. Ihre Identität wird grundsätzlich geheim gehalten.

Schließlich gibt es noch **Informanten**. Dies sind Personen, die **von Fall zu Fall** bereit sind, gegen Zusicherung der Vertraulichkeit den Strafverfolgungsbehörden Informationen zu geben.

Der Einsatz von **NOEPs, Informanten** und **V-Leuten** ist gesetzlich nicht ausdrücklich geregelt. Nach **h.M.** reicht die Aufgabenzuweisung des § 163 StPO **als gesetzliche Legitimation**.

---

18. Kontrollstelleneinrichtung - § 111 StPO

Eingriff in Art. 2 Abs. 1 i.V.m. Art. 1 Abs. 1 GG (Recht auf informationelle Selbstbestimmung)
und gegebenenfalls in Art. 2 Abs. 2 S. 2 i.V.m. Art. 104 GG (Freiheit der Person)

I. Anordnungsvoraussetzungen:

1. **Konkreter, einfacher Tatverdacht einer bestimmten Katalogtat nach**

   a) **§ 89 a StGB oder nach § 89 c Abs. 1 bis 4 StGB**

      oder nach

   b) **§ 129 a StGB, auch in Verbindung mit § 129 b Abs. 1 StGB, oder eine der dort bezeichneten Straftaten,**

      oder nach

   c) **§§ 249, 250 Abs. 1 Nr. 1 bzw. §§ 253, 255, 250 Abs. 1 Nr. 1 StGB.**

      Da nach § 255 StGB der Täter gleich einem Räuber bestraft wird, steht dem schweren Raub nach § 250 Abs. 1 Nr. 1 StGB die räuberische Erpressung gleich.

   Es müssen bestimmte Tatsachen vorliegen, die den Verdacht einer solchen Straftat gegen bekannte oder noch unbekannte Täter begründen.

   Der Versuch dieser Taten genügt, nicht aber eine nach § 30 StGB strafbare Vorbereitungshandlung.

2. **Ort der Kontrollstelle:**

   a) **Öffentliche Straßen und Plätze**

      Öffentliche Straßen und Plätze sind alle dem öffentlichen Verkehr durch Verwaltungsakt gewidmete Flächen. Kontrollstellen sind aber auch auf Straßen und Plätzen zulässig, die sich im Privatbesitz befinden, wenn sie einem unbestimmten Personenkreis zur Benutzung freigegeben sind (z.B. Parkplatz eines Supermarktes, Parkhaus).

   b) **Andere öffentlich zugängliche Orte**

      Andere öffentlich zugängliche Orte sind solche, zu denen grundsätzlich jedermann Zugang hat, auch wenn er nach Zweck oder Zeit beschränkt ist (z.B. Bahnhöfe, Flugplätze, Sportplätze). Private Geschäftsräume wie Kaufhäuser und Gaststätten (dort nur Durchsuchung nach § 103 StPO möglich) fallen ebenso wenig unter den Begriff wie bewegliche Orte (z.B. Eisenbahnzüge, Flugzeuge).

3. **Adressaten der Maßnahme:**

Verdächtige und unverdächtige Personen

4. **Befugnisse an der Kontrollstelle gemäß § 111 Abs. 1 S. 2, Abs. 3 StPO:**

a) **Identitätsfeststellung**

- Erfragen der Identität (vgl. § 111 OWiG),

- ggf. Festhalten zur Identitätsfeststellung,

- ggf. auch Durchsuchung und erkennungsdienstliche Behandlung zur Identitätsfeststellung.

  Problematisch ist, ob dies bei Unverdächtigen auch gegen deren Willen möglich ist (vgl. § 111 Abs. 3 StPO: „...entsprechend § 163 b“ (§ 163 b Abs. 2 S. 2: Erfordernis der Einwilligung bei Nichtverdächtigen)). Dies ist jedoch zulässig, da § 111 Abs. 1 S. 2 StPO als Spezialregelung gerade nicht zwischen Verdächtigen und Unverdächtigen unterscheidet.

b) **Durchsuchung der Person und mitgeführter Sachen nach Beweismitteln**

Die Durchsuchung ist möglich, ohne dass bestimmte Tatsachen ein Auffinden von Beweismitteln wahrscheinlich machen oder auch nur vermuten lassen. Die §§ 102 ff. StPO gelten nicht, aufgefundene Beweismittel sind nach §§ 94 ff. StPO zu beschlagnahmen.

Jedermann ist verpflichtet, seine Identität feststellen und sich sowie mitgeführte Sachen durchsuchen zu lassen (§ 111 Abs. 1 S. 2 StPO).

---

5. **Zweck der Kontrollstelle:**

a) **Ergreifung des Täters**

oder

b) **Sicherstellung von Beweismitteln**

6. **Erfolgsaussicht:**

Aufgrund von Tatsachen muss die Annahme gerechtfertigt sein, dass der Zweck der Kontrollstelle erreicht wird. Die Maßnahme muss nach Einschätzung der vorhandenen Erkenntnisse zur Ergreifung des Täters bzw. zur Sicherstellung von zur Tataufklärung geeigneten Beweismitteln am konkreten Ort und zur konkreten Zeit führen *können*. In der Regel besteht Aussicht auf Erfolg bei räumlicher und zeitlicher Nähe zum Tatort, aber auch bei Hinweisen auf bestimmte Fluchtziele.

II. Anordnungsbefugnis:

§ 111 Abs. 2 StPO
Richter, bei Gefahr im Verzug die Staatsanwaltschaft und die Ermittlungspersonen der Staatsanwaltschaft.
Gefahr im Verzug liegt vor, wenn die Anordnung des Richters nicht eingeholt werden kann, ohne dass der Erfolg der Maßnahme gefährdet wird.

III. Formvorschriften:

1. **§ 111 Abs. 3 StPO i.V.m. § 106 Abs. 2 S. 1 StPO**
   Der Durchsuchungszweck ist grundsätzlich vor der Durchsuchung bekannt zu geben.

2. **§ 111 Abs. 3 StPO i.V.m. § 107 S. 2, 1. Halbsatz StPO**
   Ausstellung eines Verzeichnisses.

3. **§ 111 Abs. 3 StPO i.V.m. § 109 StPO**
   Kennzeichnung der Gegenstände.

4. **§ 111 Abs. 3 StPO i.V.m. § 108 StPO**
   Zufallsfunde sind einstweilen in Beschlag zu nehmen.

5. **§ 111 Abs. 3 StPO i.V.m. § 110 Abs. 1 und 2 StPO**
   Die Durchsicht von Papieren steht grundsätzlich der Staatsanwaltschaft und auf deren Anordnung ihren Ermittlungspersonen zu (§ 110 Abs. 1 StPO), mit Zustimmung des Betroffenen auch jedem Polizeibeamten (§ 110 Abs. 2 S. 1 StPO). Andernfalls sind die Papiere, deren Durchsicht für geboten erachtet werden, mitzunehmen und bei der Staatsanwaltschaft abzuliefern (§ 110 Abs. 2 S. 2 StPO).

Als *Papiere* i.S.d. § 110 StPO sind auch Unterlagen anzusehen, bei denen statt Papier ein anderes Material verwendet worden ist, wie z.B. Tonträger, Filme, Disketten etc.

6. **§ 111 Abs. 3 StPO i.V.m. § 163 b Abs. 1 S. 1 i.V.m. § 163 a Abs. 4 S. 1 StPO (bei Verdächtigen)**

Dem Betroffenen ist zu eröffnen, welche Straftat ihm zur Last gelegt wird.

Oder

§ 111 Abs. 3 StPO i.V.m. § 163 b Abs. 2 S. 1 i.V.m. § 69 Abs. 1 S. 2 StPO (bei Unverdächtigen)

Dem Betroffenen ist zu eröffnen, welche Straftat durch die Maßnahme aufgeklärt werden soll; die Person des Beschuldigten ist, sofern vorhanden, zu bezeichnen.

7. **§ 111 Abs. 3 StPO i.V.m. § 163 c StPO**

Grundsätzlich unverzügliche Richtervorführung (Absatz 1);

Angehörigenverständigung (Absatz 2);

Höchstdauer des Festhaltens: 12 Stunden (Absatz 3);

Identifizierungsunterlagen werden zu den Strafakten genommen (bei Verdächtigen, vgl. Absatz 4)

oder

Vernichtung der angefallenen Unterlagen nach der Identitätsfeststellung (bei Unverdächtigen, Absatz 4,)

8. **§ 81 d StPO**

Diese Vorschrift gilt auch für körperliche Durchsuchungen, wenn sie das Schamgefühl der zu durchsuchenden Person verletzen können. Eine solche Durchsuchung ist entsprechend § 81 d Abs. 1 S. 1 StPO einer Person gleichen Geschlechts oder einem Arzt / einer Ärztin zu übertragen.

Nach § 81 d Abs. 1 S. 2 StPO besteht ein grundsätzliches Wahlrecht hinsichtlich des Geschlechts der Durchsuchenden - damit soll individuellen Befindlichkeiten der Betroffenen Rechnung getragen werden.

IV. **Verhältnismäßigkeit:**

Geeignetheit - Erforderlichkeit - Angemessenheit

19.1 Beschlagnahme von Einziehungsgegenständen (Taterträge)

- §§ 111 b ff. StPO i.V.m. § 73 StGB -

Eingriff in Art. 14 Abs. 1 S. 1 GG (Eigentum / Besitz)

I.   **Anordnungsvoraussetzungen:**

1.   **Einfacher Tatverdacht einer rechtswidrigen Straftat**

Konkrete, tatsächliche Anhaltspunkte für das Vorliegen einer rechtswidrigen Straftat.

2.   **Es sind Gründe für die Annahme vorhanden, dass der Täter oder Teilnehmer „etwas", d.h. einen Vermögensvorteil,**

a)   **unmittelbar *durch* die Tat (§ 73 Abs. 1 StGB)** – z.B. die Beute aus einem Einbruch

oder

b)   **unmittelbar *für* die Tat (§ 73 Abs. 1 StGB)** – z.B. der Gehilfenlohn

oder

c)   **mittelbar *durch* die Tat (§ 73 Abs. 3 StGB)** – z.B. das von gestohlenem Geld gekaufte Schriftstück

erlangt hat.

d)   **Die Einziehung ist auch möglich im Hinblick auf Nutzungen, die aus dem Erlangten gezogen wurden (§ 73 Abs. 2 StGB).**

Der Rechtsbegriff der Nutzungen ist in § 100 BGB legaldefiniert: Danach sind *Nutzungen* die Früchte (vgl. dazu § 99 BGB) und Gebrauchsvorteile einer Sache oder eines Rechts.

Beachte:

Ist die Einziehung eines Gegenstandes nicht möglich oder wird davon abgesehen, so kann ein Wertersatz in Form eines Geldbetrages eingezogen werden, der dem Wert des Erlangten entspricht (§ 73 c StGB).

3. **Beschlagnahme gemäß § 111 b Abs. 1 StPO**

II. Anordnungsbefugnis:

§ 111 j Abs. 1 StPO

Gericht, bei Gefahr im Verzug die Staatsanwaltschaft und (zusätzlich) bei beweglichen Sachen gemäß § 111 j Abs. 1 S. 3 StPO auch die Ermittlungspersonen der Staatsanwaltschaft.

Zur Begründung der *Gefahr im Verzug* vgl. § 111 d Abs. 1 S. 1 StPO.

III. Formvorschriften:

1. **Bekanntgabe der Maßnahme an den Betroffenen**

2. **§ 111 c Abs. 1 StPO**

   Vollziehung der Beschlagnahme,

   bei beweglichen Sachen regelmäßig durch Ingewahrsamnahme.

3. **§ 111 j Abs. 2 S. 3 StPO**

   Der Betroffene kann jederzeit die Entscheidung des Gerichts beantragen.

   Über dieses Recht ist er entsprechend **§ 98 Abs. 2 S. 5 StPO** zu belehren.

4. **§ 111 k Abs. 1 StPO**

   Durchführung der Beschlagnahme;

   sie obliegt der Staatsanwaltschaft, bei beweglichen Sachen auch den Ermittlungspersonen der Staatsanwaltschaft.

5. **§ 111 l Abs. 1 StPO**

   Mitteilungspflicht der Staatsanwaltschaft.

6. **§ 111 b Abs. 2 i.V.m. § 107 S. 2 StPO**

   Ausstellung eines Verzeichnisses oder einer Bescheinigung.

7. **§ 111 b Abs. 2 i.V.m. § 109 StPO**

   Kennzeichnung der Gegenstände.

8. **§§ 111 n und o StPO**

Herausgabe sichergestellter Gegenstände an denjenigen, dem sie durch die Straftat unmittelbar entzogen worden sind, wenn er bekannt ist, Ansprüche Dritter nicht entgegenstehen und die Gegenstände für das Strafverfahren nicht mehr benötigt werden.

IV. **Verhältnismäßigkeit:**

Geeignetheit - Erforderlichkeit - Angemessenheit

19.2 Beschlagnahme von Einziehungsgegenständen
(Tatprodukte, Tatmittel und Tatobjekte)
- §§ 111 b ff. StPO i.V.m. § 74 StGB -
Eingriff in Art. 14 Abs. 1 S. 1 GG (Eigentum / Besitz)

I.   Anordnungsvoraussetzungen:

1.   **Einfacher Tatverdacht einer vorsätzlichen Straftat**

Konkrete, tatsächliche Anhaltspunkte für das Vorliegen einer vorsätzlichen Straftat.

2.   **Es sind Gründe für die Annahme vorhanden, dass der Gegenstand**

a)   ***durch* die Straftat hervorgebracht (§ 74 Abs. 1 StGB)** – z.B. gefälschtes Geld

oder

b)   **zu ihrer Begehung oder Vorbereitung *gebraucht* oder *bestimmt* gewesen ist (§ 74 Abs. 1 StGB).**

Beachte:

Beziehungsgegenstände sind hierbei ausgeschlossen!

Unter *Beziehungsgegenständen* sind sogenannte tatnotwendige Mittel zu verstehen (z.B. die Waffe bei einem Verstoß gegen das Waffengesetz, das Kfz bei einer Fahrt ohne Fahrerlaubnis). Beachte insoweit aber spezialgesetzliche Regelungen der Einziehung wie z.B. § 74 Abs. 3 S. 2 z.B. i.V.m. § 282 StGB oder im Nebenstrafrecht z.B. § 21 Abs. 3 StVG, § 33 BtMG, § 54 WaffG etc.

---

3.   **Es sind Gründe für die Annahme vorhanden, dass der Gegenstand**

a)   **dem Täter oder Teilnehmer gehört oder ihm zusteht (§ 74 Abs. 3 S. 1 StGB),**

- „ihm gehören" meint hier das Eigentum -

oder

b) **nach seiner Art und den Umständen die Allgemeinheit gefährdet oder die Gefahr besteht, dass er der Begehung rechtswidriger Taten dienen wird (§ 74 b Abs. 1 StGB).**

Beachte:

Ist die Einziehung eines Gegenstandes nicht möglich, so kann ein Wertesatz in Form eines Geldbetrages eingezogen werden, der dem Wert des Gegenstandes entspricht (§ 74 c StGB).

---

4. **Beschlagnahme gemäß § 111 b Abs. 1 StPO**

II. **Anordnungsbefugnis:**

§ 111 j Abs. 1 StPO

Gericht, bei Gefahr im Verzug die Staatsanwaltschaft und (zusätzlich) bei beweglichen Sachen gemäß § 111 j Abs. 1 S. 3 StPO auch die Ermittlungspersonen der Staatsanwaltschaft.

Zur Begründung der *Gefahr im Verzug* vgl. § 111 d Abs. 1 S. 1 StPO.

III. **Formvorschriften:**

1. **Bekanntgabe der Maßnahme an den Betroffenen**

2. **§ 111 c Abs. 1 StPO**

Vollziehung der Beschlagnahme,

bei beweglichen Sachen regelmäßig durch Ingewahrsamnahme.

3. **§ 111 j Abs. 2 S. 3 StPO**

Der Betroffene kann jederzeit die Entscheidung des Gerichts beantragen.

Über dieses Recht ist er entsprechend **§ 98 Abs. 2 S. 5 StPO** zu belehren.

4. **§ 111 k Abs. 1 StPO**

Durchführung der Beschlagnahme;

sie obliegt der Staatsanwaltschaft, bei beweglichen Sachen auch den Ermittlungspersonen der Staatsanwaltschaft.

5. **§ 111 l Abs. 1 StPO**

    Mitteilungspflicht der Staatsanwaltschaft.

6. **§ 111 b Abs. 2 i.V.m. § 107 S. 2 StPO**

    Ausstellung eines Verzeichnisses oder einer Bescheinigung.

7. **§ 111 b Abs. 2 i.V.m. § 109 StPO**

    Kennzeichnung der Gegenstände.

8. **§§ 111 n und o StPO**

    Herausgabe sichergestellter Gegenstände an denjenigen, dem sie durch die Straftat unmittelbar entzogen worden sind, wenn er bekannt ist, Ansprüche Dritter nicht entgegenstehen und die Gegenstände für das Strafverfahren nicht mehr benötigt werden.

IV. **Verhältnismäßigkeit:**   **§ 74 f StGB**

Geeignetheit - Erforderlichkeit - Angemessenheit

20.1 Vorläufige Festnahme - § 127 Abs. 1 StPO

Eingriff in Art. 2 Abs. 2 S. 2 i.V.m. Art. 104 GG (Freiheit der Person)

I. Anordnungsvoraussetzungen:

1. Täter auf frischer Tat betroffen oder verfolgt

Auf frischer Tat betroffen ist, wer bei Begehung einer Straftat, unmittelbar danach am Tatort oder in dessen unmittelbarer Nähe gestellt wird.

Verfolgung auf frischer Tat liegt vor, wenn sich der Täter bereits vom Tatort entfernt hat, sichere Anhaltspunkte (z.B. Tatspuren) aber auf ihn als Täter hinweisen und seine Verfolgung zum Zweck seiner Ergreifung aufgenommen wird.

Es ist nicht erforderlich, dass der Täter auf „Sicht und Gehör" verfolgt wird; sogar kurzzeitige Unterbrechungen sind unschädlich.

2. Festnahmegründe:

    a)   Fluchtverdacht

        oder

    b)   Nichtfeststellbarkeit der Identität

Fluchtverdacht liegt vor, wenn für den Festnehmenden aufgrund konkreter Anhaltspunkte der Verdacht besteht, der Betroffene werde sich möglicherweise der Strafverfolgung durch Flucht entziehen, wenn er nicht sofort festgenommen wird.

Zur *Feststellung der Identität* ist die Festnahme zulässig, wenn der Betroffene, weil er Angaben zur Person verweigert oder sich nicht ausweisen kann, nicht ohne Vernehmung oder Nachforschungen identifiziert werden kann, diese Feststellung an Ort und Stelle aber nicht möglich ist.

3. Festnahmezweck: Ermöglichung der Strafverfolgung

II. Anordnungsbefugnis:

§ 127 Abs. 1 StPO

Jedermann;

Staatsanwaltschaft und jeder Polizeibeamte (nicht notwendig Ermittlungspersonen der Staatsanwaltschaft) dürfen das Festnahmerecht nach § 127 Abs. 1 StPO nur zur Verhinderung der Flucht des Täters in Anspruch nehmen.

III. Formvorschriften:

Die Festnahme durch Privatpersonen bedarf weder einer bestimmten Form noch einer näheren Begründung. Jedoch muss dem Betroffenen erkennbar gemacht werden, dass es sich um eine vorläufige Festnahme handelt und welche Tat dazu Anlass gibt.

Für die vorläufige Festnahme durch die Staatsanwaltschaft und die Beamten des Polizeidienstes gelten gemäß § 127 Abs. 4 StPO die §§ 114 a – 114 c StPO entsprechend.

IV. Verhältnismäßigkeit:

Geeignetheit - Erforderlichkeit - Angemessenheit

20.2 Vorläufige Festnahme - § 127 Abs. 2 i.V.m. §§ 112 ff. StPO

Eingriff in Art. 2 Abs. 2 S. 2 i.V.m. Art. 104 GG (Freiheit der Person)

I. Anordnungsvoraussetzungen:

1. Dringender Tatverdacht

Hohe Wahrscheinlichkeit dafür, dass der Beschuldigte als Täter oder Teilnehmer einer Straftat in Betracht kommt.

Nur aus bestimmten Tatsachen, nicht aus bloßen Vermutungen, darf der dringende Tatverdacht hergeleitet werden.

2. Der als Täter/Teilnehmer Beschuldigte

Beschuldigter ist der Tatverdächtige, gegen den polizeiliche oder staatsanwaltschaftliche Ermittlungen wegen des Verdachts einer strafbaren Handlung geführt werden.

3. a) Haftgründe gemäß §§ 112 Abs. 2 und 3, 112 a Abs. 1 StPO:

- **Flucht oder Verborgenhalten, § 112 Abs. 2 Nr. 1 StPO**

  Flüchtig ist, wer vor Tatbeginn, während oder nach der Tat seine Wohnung aufgibt, ohne eine neue zu beziehen, oder sich ins Ausland mit der Wirkung absetzt, dass er für Ermittlungsbehörden und Gerichte unerreichbar und ihrem Zugriff auch wegen der zu erwartenden Strafvollstreckung entzogen ist.

  Verborgen hält sich, wer unangemeldet, unter falschem Namen oder an einem unbekannten Ort lebt, um sich dem Verfahren dauernd oder für längere Zeit zu entziehen.

- **Fluchtgefahr, § 112 Abs. 2 Nr. 2 StPO**

  Fluchtgefahr besteht, wenn es aufgrund bestimmter Tatsachen im konkreten Einzelfall wahrscheinlicher ist, dass sich der Beschuldigte dem Strafverfahren entziehen, als dass er sich ihm zur Verfügung halten werde.

Die Beurteilung der Fluchtgefahr erfordert die Berücksichtigung aller Umstände des Falles, insbesondere der Art der dem Beschuldigten vorgeworfenen Tat, der Persönlichkeit des Beschuldigten, seiner Lebensverhältnisse, seines Vorlebens und seines Verhaltens vor und nach der Tat. Die für und gegen eine Flucht sprechenden Umstände sind gegeneinander abzuwägen.

- **Verdunkelungsgefahr, § 112 Abs. 2 Nr. 3 StPO**
  Verdunkelungsgefahr besteht, wenn aufgrund bestimmter Tatsachen das Verhalten des Beschuldigten den dringenden Verdacht begründet, er werde Verdunkelungshandlungen vornehmen und wenn deshalb die Gefahr droht, dass die Ermittlung der Wahrheit erschwert werde.

  Wenn die Verdunkelungshandlungen nicht geeignet sind, die Ermittlung der Wahrheit zu erschweren, darf dieser Haftgrund nicht zugrundegelegt werden: Der Haftgrund ist daher nicht einschlägig, wenn der Sachverhalt schon in vollem Umfang aufgeklärt und die Beweise so gesichert sind, dass der Beschuldigte durch seine Verdunkelungshandlung die Wahrheitsermittlung nicht mehr behindern kann.

- **Verdacht eines Kapitaldeliktes, § 112 Abs. 3 StPO**
  Bei bestimmten Straftaten der Schwerstkriminalität lässt der Gesetzeswortlaut des Absatzes 3 die Anordnung der Untersuchungshaft auch zu, wenn kein Haftgrund nach Absatz 2 besteht.
  Diese Vorschrift enthält jedoch einen offensichtlichen Verstoß gegen den Verhältnismäßigkeitsgrundsatz. Das BVerfG legt mithin Absatz 3 verfassungskonform dahingehend aus, dass neben dem dringenden Tatverdacht einer der in Absatz 3 aufgeführten Katalogstraftaten die nicht auszuschließende Möglichkeit der Flucht- oder Verdunkelungsgefahr - auch wenn sie nicht konkret belegt werden kann - oder die ernstliche Befürchtung, dass der Täter weitere Taten ähnlicher Art begehen werde, zu verlangen ist.

- **Wiederholungs- / Fortsetzungsgefahr, § 112 a StPO**

   Der Beschuldigte muss dringend verdächtig sein,

   - eine Straftat der Fallgruppe Nr. 1

      (Straftaten gegen die sexuelle Selbstbestimmung / Nachstellung)

      oder

   - wiederholt oder fortgesetzt eine Straftat der Fallgruppe Nr. 2

      (Straftaten, die erfahrungsgemäß besonders häufig von Serientätern

      durchgeführt werde; beachte auch Absatz 1 S. 2)

   begangen zu haben

   und

   bestimmte Tatsachen müssen die Gefahr begründen, dass der Beschuldigte vor rechtskräftiger Aburteilung weitere erhebliche Straftaten
   gleicher Art begehen oder die Straftat fortsetzen werde

   und

   die Haft muss zur Abwehr der drohenden Gefahr erforderlich sein

   und

   in den Fällen der Nr. 2 muss eine Freiheitsstrafe von mehr als einem
   Jahr zu erwarten sein.

   Dieser Haftgrund ist gegenüber den Haftgründen aus § 112 StPO sub-
   sidiär (§ 112 a Abs. 2 StPO): Die Sicherungshaft wegen Wiederholungsgefahr ist keine echte Untersuchungshaft, sondern eine präventiv-
   polizeiliche Maßnahme.

b) **Unterbringungsgrund gemäß § 126 a Abs. 1 StPO**

   Kann der Beschuldigte wegen einer Tatbegehung im Zustand der
   Schuldunfähigkeit oder der verminderten Schuldfähigkeit (§§ 20, 21
   StGB) nicht verurteilt werden, erfordert jedoch die öffentliche Sicherheit
   eine freiheitsbeschränkende Maßnahme, so ist die Festnahme auf
   § 127 Abs. 2 i.V.m. § 126 a Abs. 1 StPO zu stützen.

II. Anordnungsbefugnis:

§ 127 Abs. 2 StPO

Staatsanwaltschaft und jeder Polizeibeamte (nicht notwendig Ermittlungspersonen der Staatsanwaltschaft) bei Gefahr im Verzug.

Gefahr im Verzug liegt vor, wenn bis zur Entscheidung eines Richters, ob er einen Haft- oder Unterbringungsbefehl erlässt, nicht gewartet werden kann, ohne dass der Erfolg der Maßnahme gefährdet wird.

III. Formvorschriften:

1. **§ 127 Abs. 4 i.V.m. § 114 a S. 2 und 3 StPO**

   Dem Beschuldigten ist mitzuteilen, welches die Gründe für die Festnahme sind und welche Beschuldigungen gegen ihn erhoben werden.

   Die Aushändigung der Abschrift des Haftbefehls ist unverzüglich nachzuholen.

2. **§ 127 Abs. 4 i.V.m. § 114 b StPO**

   Der festgenommene Beschuldigte ist unverzüglich und schriftlich über seine Rechte zu belehren. Die Inhalte des § 114 b Abs. 2 StPO sind dabei zu beachten.

3. **§ 127 Abs. 4 i.V.m. § 114 c Abs. 1 StPO**

   Dem Beschuldigten ist grundsätzlich unverzüglich Gelegenheit zu geben, einen Angehörigen oder eine Person seines Vertrauens zu verständigen.

4. **§ 128 Abs. 1 S. 1 StPO**

   Der festgenommene Beschuldigte ist grundsätzlich unverzüglich, spätestens am Tage nach der Festnahme, dem zuständigen Richter vorzuführen.

IV. Verhältnismäßigkeit: § 112 Abs. 1 S. 2 StPO

Geeignetheit - Erforderlichkeit - Angemessenheit

20.3 Vorläufige Festnahme - § 127 b Abs. 1 StPO

Eingriff in Art. 2 Abs. 2 S. 2 i.V.m. Art. 104 GG (Freiheit der Person)

§ 127 b StPO regelt die vorläufige Festnahme (Absatz 1) und die sogenannte Hauptverhandlungshaft (Absatz 2) für das beschleunigte Verfahren. Damit wird die Möglichkeit geschaffen, Täter auch ohne die Voraussetzungen des § 127 Abs. 1 StPO oder § 127 Abs. 2 StPO vorläufig festzunehmen und einen (zeitlich befristeten) Haftbefehl zu erlassen, auch wenn dies nach §§ 112 ff. StPO nicht möglich wäre.

I. Anordnungsvoraussetzungen:

1. Dringender Tatverdacht

Hohe Wahrscheinlichkeit dafür, dass der Beschuldigte als Täter oder Teilnehmer einer Straftat in Betracht kommt.

Nur aus bestimmten Tatsachen, nicht aus bloßen Vermutungen, darf der dringende Tatverdacht hergeleitet werden.

„Tat" i.S.d. Absatzes 1 ist jede Straftat eines Heranwachsenden oder Erwachsenen, nicht eines Jugendlichen (vgl. § 79 JGG), für die keine höhere Strafe als Geldstrafe oder Freiheitsstrafe bis zu 1 Jahr zu erwarten ist; auch die Anordnung einer Maßregel der Besserung und Sicherung mit Ausnahme der Entziehung der Fahrerlaubnis darf nicht in Betracht kommen (vgl. § 419 Abs. 1 StPO).

2. Täter auf frischer Tat betroffen oder verfolgt

Auf frischer Tat betroffen ist, wer bei Begehung einer Straftat oder unmittelbar danach am Tatort oder in dessen unmittelbarer Nähe gestellt wird.

Verfolgung auf frischer Tat liegt vor, wenn sich der Täter bereits vom Tatort entfernt hat, sichere Anhaltspunkte (z.B. Tatspuren) aber auf ihn als Täter hinweisen und seine Verfolgung zum Zweck seiner Ergreifung aufgenommen wird. Es ist nicht erforderlich, dass der Täter auf „Sicht und Gehör" verfolgt wird; sogar kurzzeitige Unterbrechungen sind unschädlich.

3. Festnahmegründe, die kumulativ vorliegen müssen:

a) **Absatz 1 Nr. 1**

Unverzügliche (Argument aus Absatz 2 = binnen einer Woche) Entscheidung im beschleunigten Verfahren (§§ 417 ff. StPO) muss wahrscheinlich sein und

b) **Absatz 1 Nr. 2**

aufgrund bestimmter Tatsachen muss zu befürchten sein, dass der Festgenommene der Hauptverhandlung fernbleiben wird.

II. Anordnungsbefugnis:

§ 127 b Abs. 1 StPO

Staatsanwaltschaft und jeder Polizeibeamte

(nicht notwendig Ermittlungspersonen der Staatsanwaltschaft)

III. Formvorschriften:

1. **§ 127 b Abs. 1 S. 2 i.V.m. § 114 a S. 2 und 3 StPO**

Dem Beschuldigten ist mitzuteilen, welches die Gründe für die Festnahme sind und welche Beschuldigungen gegen ihn erhoben werden.

Die Aushändigung der Abschrift des Haftbefehls ist unverzüglich nachzuholen.

2. **§ 127 b Abs. 1 S. 2 i.V.m. § 114 b StPO**

Der festgenommene Beschuldigte ist unverzüglich und schriftlich über seine Rechte zu belehren. Die Inhalte des § 114 b Abs. 2 StPO sind dabei zu beachten.

3. **§ 127 b Abs. 1 S. 2 i.V.m. § 114 c Abs. 1 StPO**

Dem Beschuldigten ist grundsätzlich unverzüglich Gelegenheit zu geben, einen Angehörigen oder eine Person seines Vertrauens zu verständigen.

4. **§ 128 Abs. 1 S. 1 StPO**

Der festgenommene Beschuldigte ist grundsätzlich unverzüglich, spätestens am Tage nach der Festnahme, dem zuständigen Richter vorzuführen mit der Besonderheit, dass der Festgenommene nicht dem sonst für vorläufige Festnahmen zuständigen Haftrichter, sondern nach § 127 b Abs. 3 StPO dem Richter vorgeführt werden soll, der für die Hauptverhandlung zuständig sein wird.

IV. Verhältnismäßigkeit:

Geeignetheit - Erforderlichkeit - Angemessenheit

21.1 Identitätsfeststellung bei einem Verdächtigen
- § 163 b Abs. 1 StPO -

Eingriff in Art. 2 Abs. 1 i.V.m. Art. 1 Abs. 1 GG (Recht auf informationelle Selbstbestimmung) und gegebenenfalls in Art. 2 Abs. 2 S. 2 i.V.m. Art. 104 GG (Freiheit der Person)

I. Anordnungsvoraussetzungen:

1. **Einfacher Tatverdacht**

   Konkrete, tatsächliche Anhaltspunkte für das Vorliegen einer verfolgbaren Straftat.

2. **Verdächtige Person**

   Als *verdächtig* sind solche Personen anzusehen, bei denen Anhaltspunkte dafür bestehen, dass sie als Täter oder Teilnehmer einer Straftat in Betracht kommen.

3. **Zulässige Maßnahmen zur Identitätsfeststellung:**

   a) **Befragung** verbunden mit der Aufforderung, sich auszuweisen

   (vgl. § 111 OWiG);

   b) **soweit die Identität sonst nicht oder nur unter erheblichen Schwierigkeiten festgestellt werden kann, auch:**

   Festhalten

   Dieses beginnt erst mit der Verhinderung der Person, sich zu entfernen, wozu schon die Aufforderung, sich nicht zu entfernen, genügt.

   Durchsuchung der Person und der mitgeführten Sachen

   Das Durchsuchen der Person besteht vorliegend in dem Suchen in der Kleidung und auf der Körperoberfläche nach Gegenständen oder Zeichen, die zur Identifizierung beitragen können (z.B. Ausweise oder Tätowierungen).

   Zu den mitgeführten Sachen gehören z.B. eine Brieftasche, eine Aktentasche oder ein Koffer.

> **Beachte:**
>
> Unter Umständen kann die Durchsuchung gemäß § 36 Abs. 3 HSOG auch auf das Durchsuchen nach Waffen, anderen gefährlichen Werkzeugen oder Explosivmitteln ausgedehnt werden, wenn dies zum Schutz für Leib oder Leben der Polizeibeamten oder Dritter erforderlich ist (Eigensicherung).

Erkennungsdienstliche Behandlung

Zu den Einzelheiten einer erkennungsdienstlichen Behandlung vgl. die Ausführungen dort in diesem Kapitel.

4.   **Zweck: Identitätsfeststellung zur Strafverfolgung**

II.   Anordnungsbefugnis:

§ 163 b Abs. 1 S. 1 StPO

Staatsanwaltschaft und jeder Polizeibeamte

(nicht notwendig Ermittlungspersonen der Staatsanwaltschaft)

III.   Formvorschriften:

1.   **§ 163 b Abs. 1 S. 1 i.V.m. § 163 a Abs. 4 S. 1 StPO**

Dem Betroffenen ist zu eröffnen, welche Straftat ihm zur Last gelegt wird.

2.   **§ 163 c Abs. 1 S. 1 StPO**

Die betroffene Person darf nicht länger als zur Feststellung ihrer Identität notwendig festgehalten werden.

3.   **§ 163 c Abs. 1 S. 2 StPO**

Die festgehaltene Person ist grundsätzlich unverzüglich dem zuständigen Richter vorzuführen.

4.   **§ 163 c Abs. 1 S. 3 i.V.m. § 114 a S. 2 StPO**

Der betroffenen Person ist mitzuteilen, welches die Gründe für das Festhalten sind und welche Beschuldigungen gegen ihn erhoben werden.

5. **§ 163 c Abs. 1 S. 3 i.V.m. § 114 b StPO**

Die festgehaltene Person ist unverzüglich und schriftlich über ihre Rechte zu belehren. Die Inhalte des § 114 b Abs. 2 StPO sind dabei, soweit relevant, zu beachten.

6. **§ 163 c Abs. 1 S. 3 i.V.m. § 114 c Abs. 1 StPO**

Der betroffenen Person ist grundsätzlich unverzüglich Gelegenheit zu geben, einen Angehörigen oder eine Person seines Vertrauens zu verständigen.

7. **§ 163 c Abs. 2 StPO**

Die Höchstdauer des Festhaltens darf 12 Stunden nicht überschreiten.

8. **§ 163 c Abs. 3 StPO**

Die Identifizierungsunterlagen werden entsprechend Absatz 3 zu den Strafakten genommen.

9. **§ 81 d StPO**

Diese Vorschrift gilt auch für körperliche Durchsuchungen oder körperliche Behandlungen erkennungsdienstlicher Art, wenn sie das Schamgefühl der jeweiligen Person verletzen können. Eine solche Durchsuchung oder Behandlung ist entsprechend § 81 d Abs. 1 S. 1 StPO einer Person gleichen Geschlechts zu übertragen; ein Arzt / eine Ärztin wird bei den Maßnahmen nach § 163 b StPO eher nicht erforderlich sein.

Nach § 81 d Abs. 1 S. 2 StPO besteht ein grundsätzliches Wahlrecht hinsichtlich des Geschlechts der Behandelnden - damit soll individuellen Befindlichkeiten der Betroffenen Rechnung getragen werden.

IV. **Verhältnismäßigkeit:** **Erforderlichkeit**

Geeignetheit - Erforderlichkeit - Angemessenheit

21.2 Identitätsfeststellung bei einem Unverdächtigen
- § 163 b Abs. 2 StPO -

Eingriff in Art. 2 Abs. 1 i.V.m. Art. 1 Abs. 1 GG (Recht auf informationelle Selbstbestimmung) und gegebenenfalls in Art. 2 Abs. 2 S. 2 i.V.m. Art. 104 GG (Freiheit der Person)

I.   Anordnungsvoraussetzungen:

1.   **Einfacher Tatverdacht**

Konkrete, tatsächliche Anhaltspunkte für das Vorliegen einer verfolgbaren Straftat.

2.   **Unverdächtige Person**

Als *unverdächtig* i.S.d. § 163 b Abs. 2 StPO sind solche Personen anzusehen, bei denen keine Anhaltspunkte dafür bestehen, dass sie als Täter oder Teilnehmer einer Straftat in Betracht kommen oder die wegen des Vorliegens von Schuld- oder Strafausschließungsgründen nicht verfolgt werden können, gleichwohl aber ein gewichtiges Interesse an der Feststellung der Identität gegeben ist.

Zu dem hier in Frage kommenden Personenkreis gehören insbesondere die Zeugen.

3.   **Zulässige Maßnahmen zur Identitätsfeststellung:**

a)   **Befragung** verbunden mit der Aufforderung, sich auszuweisen
(vgl. § 111 OWiG);

b)   **soweit die Identität sonst nicht oder nur unter erheblichen Schwierigkeiten festgestellt werden kann und die Maßnahme zur Bedeutung der Sache nicht außer Verhältnis steht, auch:**
Festhalten

Dieses beginnt erst mit der Verhinderung der Person, sich zu entfernen, wozu schon die Aufforderung, sich nicht zu entfernen, genügt.

Durchsuchung der Person und der mitgeführten Sachen

Eine Durchsuchung der unverdächtigen Person sowie der von ihr mitgeführten Sachen (vgl. dazu die Ausführungen zu § 163 b Abs. 1 StPO) ist **nur mit deren Zustimmung** zulässig.

Erkennungsdienstliche Behandlung

Auch eine erkennungsdienstliche Behandlung der unverdächtigen Person ist **nur mit deren Zustimmung** zulässig.

Zu den Einzelheiten einer erkennungsdienstlichen Behandlung vgl. die Ausführungen dort in diesem Kapitel.

4. **Zweck: Identitätsfeststellung zur Aufklärung einer Straftat geboten**

Das ist der Fall, wenn im Zeitpunkt der beabsichtigten Identitätsfeststellung konkrete Anhaltspunkte dafür bestehen, dass die Person als Zeuge oder als Augenscheinsobjekt benötigt wird.

II. **Anordnungsbefugnis:**

§ 163 b Abs. 1 S. 1 StPO

Staatsanwaltschaft und jeder Polizeibeamte

(nicht notwendig Ermittlungspersonen der Staatsanwaltschaft)

III. **Formvorschriften:**

1. **§ 163 b Abs. 2 S. 1 i.V.m. § 69 Abs. 1 S. 2 StPO**

Dem Betroffenen ist zu eröffnen, welche Straftat durch die Identifizierung aufgeklärt werden soll; die Person des Beschuldigten ist, sofern vorhanden, zu bezeichnen.

2. **§ 163 c Abs. 1 S. 1 StPO**

Die betroffene Person darf nicht länger als zur Feststellung ihrer Identität notwendig festgehalten werden.

3. **§ 163 c Abs. 1 S. 2 StPO**

Die festgehaltene Person ist grundsätzlich unverzüglich dem zuständigen Richter vorzuführen.

4. **§ 163 c Abs. 1 S. 3 i.V.m. § 114 a S. 2 StPO**

Der betroffenen Person ist mitzuteilen, welches die Gründe für das Festhalten sind.

5. **§ 163 c Abs. 1 S. 3 i.V.m. § 114 b StPO**

   Die festgehaltene Person ist unverzüglich und schriftlich über ihre Rechte zu belehren. Die Inhalte des § 114 b Abs. 2 StPO sind dabei, soweit relevant, zu beachten.

6. **§ 163 c Abs. 1 S. 3 i.V.m. § 114 c Abs. 1 StPO**

   Der betroffenen Person ist grundsätzlich unverzüglich Gelegenheit zu geben, einen Angehörigen oder eine Person seines Vertrauens zu verständigen.

7. **§ 163 c Abs. 2 StPO**

   Die Höchstdauer des Festhaltens darf 12 Stunden nicht überschreiten.

8. **§ 163 c Abs. 3 StPO**

   Die angefallenen Unterlagen sind nach der Identitätsfeststellung zu vernichten.

9. **§ 81 d StPO**

   Diese Vorschrift gilt auch für körperliche Durchsuchungen oder körperliche Behandlungen erkennungsdienstlicher Art, wenn sie das Schamgefühl der jeweiligen Person verletzen können. Eine solche Durchsuchung oder Behandlung ist entsprechend § 81 d Abs. 1 S. 1 StPO einer Person gleichen Geschlechts zu übertragen; ein Arzt / eine Ärztin wird bei den Maßnahmen nach § 163 b StPO eher nicht erforderlich sein.

   Nach § 81 d Abs. 1 S. 2 StPO besteht ein grundsätzliches Wahlrecht hinsichtlich des Geschlechts der Behandelnden - damit soll individuellen Befindlichkeiten der Betroffenen Rechnung getragen werden.

IV. **Verhältnismäßigkeit:** **Gebotenheit**

Geeignetheit - Erforderlichkeit - Angemessenheit

22. Netzfahndung - § 163 d StPO

Eingriff in Art. 2 Abs. 1 i.V.m. Art. 1 Abs. 1 GG (Recht auf informationelle Selbstbestimmung)

Die Netzfahndung ermöglicht die Errichtung von Kurzzeitdateien für die automatische Speicherung und Verarbeitung von Daten, die bei bestimmten Massenkontrollen anfallen, deren erschöpfende Auswertung an Ort und Stelle aber, auch durch das Abfragen in den Fahndungsdateien des polizeilichen Informationssystems, nicht möglich ist.

Zur Unterscheidung: Die sogenannte Schleierfahndung als verdachts- und ereignisunabhängige Kontrollmaßnahme auf den Durchgangsstraßen und in den öffentlichen Einrichtungen ist eine präventiv-polizeiliche Maßnahme zum Ausgleich der weggefallenen Grenzkontrollen.

I.   Anordnungsvoraussetzungen:

1. **Konkreter, einfacher Tatverdacht**

   a)   **einer der in § 111 StPO aufgeführten Straftaten**

   oder

   b)   **einer der in § 100 a Abs. 2 Nr. 6 bis 9 und Nr. 11 StPO aufgeführten Straftaten (Katalogtaten nur für Grenzkontrollen, siehe unter 2. b)).**

   Es müssen bestimmte Tatsachen vorliegen, dass ein noch nicht ermittelter Straftäter, von dem aber schon eine Beschreibung möglich ist, eine der genannten Straftaten begangen hat. Der Versuch wie auch die Teilnahme dieser Taten genügt, nicht aber eine nach § 30 StGB strafbare Vorbereitungshandlung oder die versuchte Beteiligung.

2. **Befugnisse:**

   Zeitweilige Speicherung und Auswertung anfallender Daten anlässlich einer rechtmäßigen Datenerhebung bei

   a)   **Durchführung einer Personenkontrolle gemäß § 111 StPO**

   (Daten nur bei Verdacht der in dieser Vorschrift bezeichneten Straftaten verwendbar)

   oder

   b)   **Durchführung einer grenzpolizeilichen Kontrolle gemäß §§ 2, 23 Abs. 2 BGSG**

   (Daten bei Verdacht einer der in § 111 StPO oder in § 100 a Abs. 2 Nr. 6 bis 9 und Nr. 11 StPO aufgeführten Straftaten verwendbar).

3. **Zweck der Auswertung der anfallenden Daten:**

   a) **Ergreifung des Täters**

      oder

   b) **Aufklärung der Straftat**

4. **Erfolgsaussicht:**

   Aufgrund von Tatsachen muss die Annahme gerechtfertigt sein, dass es gelingen könnte, durch Auswertung der gespeicherten Daten den Zweck der Netzfahndung zu erreichen (§ 163 d Abs. 1 S. 1 StPO). Die Maßnahme muss nach Einschätzung der vorhandenen Erkenntnisse zur Ergreifung des Täters bzw. zur Aufklärung der Straftat führen *können*. Erforderlich sind konkrete Anhaltspunkte, die eine objektive Prognoseentscheidung im Hinblick auf den Erfolg ermöglichen, d.h. eine gewisse Wahrscheinlichkeit.

II. **Anordnungsbefugnis:**

§ 163 d Abs. 2 StPO

Richter, bei Gefahr im Verzug die Staatsanwaltschaft und die Ermittlungspersonen der Staatsanwaltschaft.

Gefahr im Verzug liegt vor, wenn die Anordnung des Richters nicht eingeholt werden kann, ohne dass der Erfolg der Maßnahme gefährdet wird.

Hat die Staatsanwaltschaft oder eine ihrer Ermittlungspersonen die Anordnung getroffen, muss die Staatsanwaltschaft gemäß § 163 d Abs. 2 S. 2 StPO unverzüglich die richterliche Bestätigung der Anordnung beantragen. Die Anordnung der Staatsanwaltschaft tritt entsprechend § 100 b Abs. 1 S. 3 StPO außer Kraft, wenn sie nicht binnen drei Werktagen von dem Gericht bestätigt wird.

III. Formvorschriften:

1. **§ 163 d Abs. 1 S. 3 StPO**

Die Übermittlung der Daten ist nur an Strafverfolgungsbehörden zulässig.

2. **§ 163 d Abs. 3 S. 1 bis 3 StPO**

Anordnungsform der Maßnahme.

3. **§ 163 d Abs. 3 S. 4 und 5 StPO**

Räumliche und zeitliche Begrenzung der Maßnahme auf höchstens drei Monate mit der Möglichkeit einer einmaligen Verlängerung.

4. **§ 163 d Abs. 4 S. 1 StPO**

Voraussetzungen zur Beendigung der Maßnahme.

5. **§ 163 d Abs. 4 S. 2 StPO**

Löschung der Daten und Dauer der Speicherung.

6. **§ 163 d Abs. 4 S. 3 StPO**

Über die Löschung der Daten ist die Staatsanwaltschaft zu unterrichten.

7. **§ 161 Abs. 3 und § 479 Abs. 2 S. 2 StPO**

Verwendungsregelungen von Zufallserkenntnissen.

8. **§ 101 Abs. 1, Abs. 4 S. 1 Nr. 10, S. 2, Abs. 5 S. 1 StPO**

Grundsätzlich bestehende **Benachrichtigungspflicht** der betroffenen Personen, gegen die nach Auswertung der Daten weitere Ermittlungen geführt wurden (§ 101 Abs. 1, Abs. 4 S. 1 Nr. 10 StPO), sobald dies ohne Gefährdung des Untersuchungszwecks, des Lebens, der körperlichen Unversehrtheit und der persönlichen Freiheit einer Person und von bedeutenden Vermögenswerten möglich ist (§ 101 Abs. 5 S. 1 StPO).

Dabei ist auf die Möglichkeit nachträglichen Rechtsschutzes nach Absatz 7 S. 2 und die dafür vorgesehene Frist hinzuweisen (§ 101 Abs. 4 S. 2 StPO).

Für den Fall der **Zurückstellung einer Benachrichtigung** vgl. § 101 Abs. 5 S. 2, Abs. 6 StPO.

Die **Benachrichtigung unterbleibt**, wenn ihr überwiegende schutzwürdige Belange einer betroffenen Person entgegenstehen (§ 101 Abs. 4 S. 3 StPO).

9. **§ 101 Abs. 3 S. 1 StPO**

Die durch die Maßnahme resultierenden personenbezogenen Daten sind als solche zu kennzeichnen.

10. **§ 101 Abs. 8 S. 1 StPO**

Die durch die Maßnahme resultierenden personenbezogenen Daten sind, sofern sie zur Strafverfolgung und für eine etwaige gerichtliche Überprüfung nicht mehr erforderlich sind, unverzüglich zu löschen.

IV. **Verhältnismäßigkeit:** **§ 163 d Abs. 1 S. 1 a.E. StPO**

Geeignetheit - Erforderlichkeit - Angemessenheit

23. Polizeiliche Beobachtung - § 163 e StPO

Eingriff in Art. 2 Abs. 1 i.V.m. Art. 1 Abs. 1 GG (Recht auf informationelle Selbstbestimmung)

Von § 163 e StPO zu unterscheiden ist die einfache unauffällige Beobachtung von Personen oder Objekten in Form der Observation nach den allgemeinen Vorschriften der §§ 161, 163 Abs. 1 StPO.

I. Anordnungsvoraussetzungen:

1. **Zureichende tatsächliche Anhaltspunkte hinsichtlich einer Straftat von erheblicher Bedeutung**

Ein bestimmter Grad des Tatverdachtes wird nicht gefordert; demnach genügt ein einfacher Tatverdacht.

Eine Straftat ist dann von *erheblicher Bedeutung*, wenn sie mindestens dem Bereich der mittleren Kriminalität zugeordnet werden kann, den Rechtsfrieden empfindlich stört und dazu geeignet ist, das Gefühl der Rechtssicherheit der Bevölkerung erheblich zu beeinträchtigen.

2. **Adressaten der Maßnahme gemäß § 163 e Abs. 1 S. 2 und S. 3 StPO:**

a) **Der als Täter/Teilnehmer Beschuldigte**

Beschuldigter ist der Tatverdächtige, gegen den polizeiliche oder staatsanwaltschaftliche Ermittlungen wegen des Verdachts einer strafbaren Handlung geführt werden.

b) **Andere Personen,**

wenn aufgrund bestimmter Tatsachen anzunehmen ist, dass sie mit dem Täter in Verbindung stehen oder eine solche Verbindung hergestellt wird (= Kontaktpersonen) und die Maßnahme zur Erforschung des Sachverhalts oder zur Ermittlung des Aufenthaltsortes des Täters führen wird.

Bei den sogenannten *Kontaktpersonen* handelt es sich demnach um Personen, die nicht Beschuldigte sind, von deren Beobachtung aber zu erwarten ist, dass hierdurch wichtige Hinweise für die Tataufklärung gewonnen werden können.

Beachte:

Vom Beschuldigten und den anderen Personen im Sinne des § 163 e Abs. 1 StPO sind die sogenannten Begleitpersonen im Sinne von § 163 e Abs. 3 StPO zu unterscheiden.

Gegen diese richtet sich die Maßnahme nicht. Sie dürfen aber im Fall des Antreffens an der Kontrollstelle erfasst und gemeldet werden.

3. **Befugnis:**

Ausschreibung einer Person zur Beobachtung anlässlich polizeilicher Kontrollen

Unter dem Begriff „Polizeiliche Beobachtung" wird die planmäßige, grundsätzlich heimliche Beobachtung einer Person (oder eines Objekts) zwecks Erstellung eines vollständigen Bewegungsbildes verstanden.

Für die Beobachtung werden bereits bestehende Kontrollstellen, also z.B. die Grenzkontrollstellen, genutzt.

Beachte:

§ 163 e Abs. 2 StPO erlaubt unter bestimmten Voraussetzungen auch die Ausschreibung des Kennzeichens eines Kraftfahrzeuges, die Identifizierungsnummer oder äußere Kennzeichnung eines Wasserfahrzeuges, Luftfahrzeuges oder eines Containers.

4. **Subsidiaritätsgrundsatz:**

Für Beschuldigte (§ 163 e Abs. 1 S. 2 StPO) und „andere Personen" (§ 163 e Abs. 1 S. 3 a.E. StPO) identisch:

Die Erforschung des Sachverhalts oder die Ermittlung des Aufenthaltsortes des Täters muss auf andere Weise erheblich weniger erfolgversprechend (Erfolgsprognose) oder wesentlich erschwert (Verfahrensverzögerung) sein.

II. Anordnungsbefugnis:

§ 163 e Abs. 4 StPO

Gericht, bei Gefahr im Verzug die Staatsanwaltschaft.

Gefahr im Verzug liegt vor, wenn die Anordnung des Gerichts nicht eingeholt werden kann, ohne dass der Erfolg der Maßnahme gefährdet wird.

Hat die Staatsanwaltschaft die Anordnung getroffen, muss sie gemäß § 163 e Abs. 4 S. 3 StPO unverzüglich die gerichtliche Entscheidung der Anordnung beantragen. Die Anordnung der Staatsanwaltschaft tritt entsprechend § 163 e Abs. 4 S. 4 i.V.m. § 100 b Abs. 1 S. 3 StPO außer Kraft, wenn sie nicht binnen drei Werktagen von dem Gericht bestätigt wird.

III. Formvorschriften:

1. **§ 163 e Abs. 4 S. 5 und 6 StPO**
   Zeitliche Begrenzung der Maßnahme auf höchstens ein Jahr mit der Möglichkeit einer Verlängerung um jeweils nicht mehr als drei Monate.

2. **§ 101 Abs. 1, Abs. 4 S. 1 Nr. 11, S. 2, Abs. 5 S. 1 StPO**
   Grundsätzlich bestehende **Benachrichtigungspflicht** der Zielperson sowie der Personen, deren personenbezogene Daten gemeldet worden sind (§ 101 Abs. 1, Abs. 4 S. 1 Nr. 11 StPO), sobald dies ohne Gefährdung des Untersuchungszwecks, des Lebens, der körperlichen Unversehrtheit und der persönlichen Freiheit einer Person und von bedeutenden Vermögenswerten möglich ist (§ 101 Abs. 5 S. 1 StPO).
   Dabei ist auf die Möglichkeit nachträglichen Rechtsschutzes nach Absatz 7 S. 2 und die dafür vorgesehene Frist hinzuweisen (§ 101 Abs. 4 S. 2 StPO).
   Für den Fall der **Zurückstellung einer Benachrichtigung** vgl. § 101 Abs. 5 S. 2, Abs. 6 StPO.
   Die **Benachrichtigung unterbleibt**, wenn ihr überwiegende schutzwürdige Belange einer betroffenen Person entgegenstehen (§ 101 Abs. 4 S. 3 StPO).

3. **§ 101 Abs. 3 S. 1 StPO**

   Die durch die Maßnahme resultierenden personenbezogenen Daten sind als solche zu kennzeichnen.

4. **§ 101 Abs. 8 S. 1 StPO**

   Die durch die Maßnahme resultierenden personenbezogenen Daten sind, sofern sie zur Strafverfolgung und für eine etwaige gerichtliche Überprüfung nicht mehr erforderlich sind, unverzüglich zu löschen.

5. **§ 479 Abs. 2 StPO**

   Verwendungsregelung von Zufallserkenntnissen

IV. Verhältnismäßigkeit:

Geeignetheit - Erforderlichkeit - Angemessenheit

24.　Längerfristige Observation - § 163 f StPO
Eingriff in Art. 2 Abs. 1 i.V.m. Art. 1 Abs. 1 GG (Recht auf informationelle Selbstbestimmung)

Die längerfristige Observation wird in Absatz 1 als eine über einen durchgehend länger als 24 Stunden dauernden Zeitraum oder als eine zwar unterbrochene, aber an mehr als zwei Tagen stattfindende planmäßige Beobachtung des Beschuldigten definiert. Damit unterscheidet sie sich von der kurzfristigen Observation, die als weniger schwerwiegende Ermittlungsart nach §§ 161 Abs. 1, 163 Abs. 1 StPO von Staatsanwaltschaft und Polizei vorgenommen werden kann.

Soweit die längerfristige Observation **mit anderen schwerwiegenden Eingriffen verbunden** ist, z.B. mit dem Einsatz technischer Mittel, müssen zusätzlich die dafür erforderlichen Voraussetzungen gegeben sein.

I.　Anordnungsvoraussetzungen:

1. **Zureichende tatsächliche Anhaltspunkte hinsichtlich einer Straftat von erheblicher Bedeutung**

   Ein bestimmter Grad des Tatverdachtes wird nicht gefordert; demnach genügt ein einfacher Tatverdacht.

   Eine Straftat ist dann von *erheblicher Bedeutung*, wenn sie mindestens dem Bereich der mittleren Kriminalität zugeordnet werden kann, den Rechtsfrieden empfindlich stört und dazu geeignet ist, das Gefühl der Rechtssicherheit der Bevölkerung erheblich zu beeinträchtigen.

2. **Adressaten der Maßnahme gemäß § 163 f Abs. 1 S. 1 und S. 3 StPO:**

   a) **Der als Täter/Teilnehmer Beschuldigte**

   Beschuldigter ist der Tatverdächtige, gegen den polizeiliche oder staatsanwaltschaftliche Ermittlungen wegen des Verdachts einer strafbaren Handlung geführt werden.

   b) **Andere Personen,**

   wenn aufgrund bestimmter Tatsachen anzunehmen ist, dass sie mit dem Täter in Verbindung stehen oder eine solche Verbindung hergestellt wird (= Kontaktpersonen) und die Maßnahme zur Erforschung des Sachverhalts oder zur Ermittlung des Aufenthaltsortes des Täters führen wird.

Bei den sogenannten *Kontaktpersonen* handelt es sich demnach um Personen, die nicht Beschuldigte sind, von deren Beobachtung aber zu erwarten ist, dass hierdurch wichtige Hinweise für die Tataufklärung gewonnen werden können.

3. **Befugnis:**

Längerfristige Observation, die

- **durchgehend länger als 24 Stunden dauert**

  oder

- **an mehr als zwei Tagen stattfindet.**

4. **Subsidiaritätsgrundsatz:**

Für Beschuldigte (§ 163 f Abs. 1 S. 2 StPO) und „andere Personen" (§ 163 f Abs. 1 S. 3 a.E. StPO) identisch:

Die Erforschung des Sachverhalts oder die Ermittlung des Aufenthaltsortes des Täters muss auf andere Weise erheblich weniger erfolgversprechend (Erfolgsprognose) oder wesentlich erschwert (Verfahrensverzögerung) sein.

II. <u>**Anordnungsbefugnis:**</u>

§ 163 f Abs. 3 StPO

Gericht, bei Gefahr im Verzug die Staatsanwaltschaft und die Ermittlungspersonen der Staatsanwaltschaft.

Gefahr im Verzug liegt vor, wenn die Anordnung des Gerichts nicht eingeholt werden kann, ohne dass der Erfolg der Maßnahme gefährdet wird.

Die Anordnung der Staatsanwaltschaft oder ihrer Ermittlungspersonen tritt entsprechend § 163 f Abs. 3 S. 2 StPO außer Kraft, wenn sie nicht binnen drei Werktagen von dem Gericht bestätigt wird.

III. Formvorschriften:

1. § 163 f Abs. 2 S. 2 i.V.m. § 100 d Abs. 1 und 2 StPO

Verwertungsverbot bei Erkenntnissen aus dem Kernbereich privater Lebensgestaltung.

2. § 163 f Abs. 3 S. 3 i.V.m. § 100 e Abs. 1 S. 4 und 5 StPO

Zeitliche Begrenzung der Maßnahme auf höchstens drei Monate mit der Möglichkeit einer Verlängerung um jeweils nicht mehr als drei Monate.

3. § 163 f Abs. 3 S. 3 i.V.m. § 100 e Abs. 3 S. 1 StPO

Anordnungsform der Maßnahme.

4. § 101 Abs. 1, Abs. 4 S. 1 Nr. 12, S. 2, Abs. 5 S. 1 StPO

Grundsätzlich bestehende **Benachrichtigungspflicht** der Zielperson sowie der erheblich mitbetroffenen Personen (§ 101 Abs. 1, Abs. 4 S. 1 Nr. 12 StPO), sobald dies ohne Gefährdung des Untersuchungszwecks, des Lebens, der körperlichen Unversehrtheit und der persönlichen Freiheit einer Person und von bedeutenden Vermögenswerten möglich ist (§ 101 Abs. 5 S. 1 StPO).

Dabei ist auf die Möglichkeit nachträglichen Rechtsschutzes nach Absatz 7 S. 2 und die dafür vorgesehene Frist hinzuweisen (§ 101 Abs. 4 S. 2 StPO).

Für den Fall der **Zurückstellung einer Benachrichtigung** vgl. § 101 Abs. 5 S. 2, Abs. 6 StPO.

Die **Benachrichtigung unterbleibt**, wenn ihr überwiegende schutzwürdige Belange einer betroffenen Person entgegenstehen (§ 101 Abs. 4 S. 3 StPO).

5. § 101 Abs. 3 S. 1 StPO

Die durch die Maßnahme resultierenden personenbezogenen Daten sind als solche zu kennzeichnen.

6. § 101 Abs. 8 S. 1 StPO

Die durch die Maßnahme resultierenden personenbezogenen Daten sind, sofern sie zur Strafverfolgung und für eine etwaige gerichtliche Überprüfung nicht mehr erforderlich sind, unverzüglich zu löschen.

7. § 479 Abs. 2 StPO

Verwendungsregelung von Zufallserkenntnissen

IV. **Verhältnismäßigkeit:**

Geeignetheit - Erforderlichkeit - Angemessenheit

Beachte:

- Die Maßnahme darf auch durchgeführt werden, wenn Dritte unvermeidbar betroffen werden (§ 163 f Abs. 2 StPO).

- Eine Regelung für Zufallserkenntnisse enthält § 163 f StPO nicht. Es erscheint jedoch in Anlehnung an das System der heimlichen Ermittlungsmaßnahmen konsequent, hier die Verwendungsregelung des § 477 Abs. 2 S. 2 StPO entsprechend heranzuziehen.

Beachte:

Mit **§ 163 g StPO** ist eine spezialgesetzliche Befugnis der Strafverfolgungsbehörden zur automatischen Kennzeichenerfassung im öffentlichen Verkehrsraum - insbesondere zu Fahndungszwecken - eingeführt worden. Ausdrücklich geregelt ist damit der Fahndungseinsatz von Automatischen Kennzeichenlesesystemen (AKLS), die es erlauben, über einen bestimmten Zeitraum hinweg vor allem auf Fernstraßen sämtliche passierende Fahrzeuge abzulichten, deren amtliche Kennzeichen durch eine Software auszulesen (Abs. 1) und sie mit Kennzeichen von Kraftfahrzeugen abzugleichen, die auf den Beschuldigten oder seine Kontaktpersonen zugelassen sind bzw. von diesen Personen genutzt werden (Abs. 2). Die Maßnahme muss örtlich und zeitlich begrenzt bleiben (Abs. 1 S. 2) und setzt zureichende Erfolgsaussichten voraus. Sie kann sowohl der Ermittlung des Aufenthaltsortes des Beschuldigten als auch der Feststellung seiner Identität dienen (Abs. 1 S. 1 a.E.). Letzteres kommt in Betracht, wenn zwar das Kennzeichen des von ihm genutzten Fahrzeugs, er selbst aber noch nicht bekannt ist – was etwa der Fall ist, wenn der Tatverdächtige mit einem Pkw unerkannt vom Tatort geflüchtet ist.

---

25. Festnahme von Störern - § 164 StPO

Eingriff in Art. 2 Abs. 2 S. 2 i.V.m. Art. 104 GG (Freiheit der Person)

I. Anordnungsvoraussetzungen:

1. **Zulässige Amtshandlung strafprozessualer Art**

2. **Vorsätzliches Stören oder Widersetzen der Anordnung der Beamten**

II. Anordnungsbefugnis:

Richter oder der die Amtshandlung leitende Polizeibeamte

(nicht notwendig Ermittlungspersonen der Staatsanwaltschaft)

III. Formvorschrift:

§ 164 StPO

Festnahme- und Festhalterecht gilt nicht über den nächsten Tag hinaus.

IV. Verhältnismäßigkeit:

Geeignetheit - Erforderlichkeit - Angemessenheit

26. Übersicht zur Gegenüberstellung

Es sind zwei Formen der Gegenüberstellung zu unterscheiden:

Die **Identifizierungsgegenüberstellung** und die **Vernehmungsgegenüberstellung**.

Bei der **Identifizierungsgegenüberstellung** soll festgestellt werden, ob der Zeuge den Beschuldigten als Täter erkennt. Zu diesem Zweck wird die zu identifizierende Person in Augenschein genommen und nur der andere Teil als Zeuge vernommen, d.h. bei der Mitwirkung des Zeugen handelt es sich strafprozessual um eine Zeugenvernehmung. Die Gegenüberstellung ist Teil dieser Vernehmung. Da der Zeuge grundsätzlich nicht verpflichtet ist, bei der Polizei eine Aussage zu machen, braucht er dort auch nicht zu erklären, ob er den Beschuldigten tatsächlich als Täter erkennt oder nicht. Er ist auch nicht verpflichtet, der polizeilichen Ladung Folge zu leisten. Sowohl bei der Staatsanwaltschaft als auch bei einem Richter ist das anders: Hier ist der Zeuge zur Mitwirkung verpflichtet, wenn er kein Zeugnis- oder Aussageverweigerungsrecht nach §§ 52 ff. StPO hat. Zu diesem Zweck kann er auch zwangsweise vorgeführt werden.

In Rechtsprechung und Literatur besteht Einigkeit darüber, dass der Beschuldigte verpflichtet ist, sich dem Zeugen gegenüberstellen zu lassen; dies gilt im Übrigen auch dann, wenn er die Einlassung zur Sache verweigert. Umstritten ist aber die strafprozessuale Grundlage, aus der sich diese Verpflichtung des Beschuldigten ergibt.

Eine Meinung zieht hier als Grundlage § 58 Abs. 2 StPO heran, eine andere stützt sich auf § 81 b StPO. Eine weitere Auffassung hält sie für eine körperliche Untersuchung nach § 81 a StPO.

Der Entscheidung der Rechtsfrage kommt nicht nur theoretische Bedeutung zu: Folgt die Verpflichtung des Beschuldigten, die Identifizierungsgegenüberstellung zu dulden, aus § 58 Abs. 2 oder § 81 b StPO, dann kann diese von der Polizei angeordnet werden. Handelt es sich dagegen um eine Maßnahme nach § 81 a StPO, so steht die Anordnungszuständigkeit grundsätzlich dem Richter und nur bei Gefahr im Verzug der Staatsanwaltschaft und deren Ermittlungspersonen zu.

Unabhängig davon, welcher Rechtsgrundlage hier der Vorzug eingeräumt wird, bildet sie auch die Grundlage für Freiheitsbeschränkungen, die unter Beachtung des Verhältnismäßigkeitsgrundsatzes für die Durchführung der Gegenüberstellung erforderlich sind. Zudem ist die Anwendung unmittelbaren Zwangs zur und bei der Durchführung einer Gegenüberstellung zulässig.

Darüber hinausgehend kann von dem Beschuldigten - unter Beachtung der Verhältnismäßigkeit - verlangt werden, bei der Gegenüberstellung eine bestimmte Kleidung zu tragen und/oder sein äußeres Erscheinungsbild dem von dem Tatzeugen beschriebenen Aussehen des Täters (z.B. durch das Ankleben oder Entfernen eines Bartes) anpassen zu lassen.

Nach Nr. 18 S. 1 RiStBV soll die Identifizierungsgegenüberstellung in Form einer Wahlgegenüberstellung durchgeführt werden. Dem Zeugen ist nicht nur der Beschuldigte, sondern zugleich auch eine Reihe anderer Personen gleichen Geschlechtes, ähnlichen Alters und ähnlicher Erscheinung gegenüberzustellen, und zwar in einer Form, die nicht erkennen lässt, wer von den Gegenübergestellten der Beschuldigte ist. Das Ergebnis einer Einzelgegenüberstellung darf bei einer Beweiswürdigung zwar ebenfalls berücksichtigt werden, hat aber einen wesentlich geringeren Beweiswert als das Ergebnis einer Wahlgegenüberstellung, bei der dem Erkennungszeugen eine alternative Entscheidung abverlangt wird.

Im Rahmen einer Wahlgegenüberstellung wird zwischen der *simultanen* und der *sequentiellen Wahlgegenüberstellung* unterschieden: Bei der *simultanen Wahlgegenüberstellung* sieht der Zeuge bei der Gegenüberstellung alle Verdächtigen gleichzeitig und muss sich entscheiden (siehe auch Nr. 18 S. 1 RiStBV „...zugleich..."). Bei der *sequentiellen Wahlgegenüberstellung* sieht der Zeuge die Verdächtigen nacheinander und muss sich bei der Präsentation jeder einzelnen Person festlegen, ob es sich um den Verdächtigen handelt (der Zeuge sollte dabei nicht die Gesamtzahl der ihm gezeigten Personen kennen). Diese Form der Gegenüberstellung ist schon deshalb vorzugswürdig, weil der Zeuge schlechter „tippen" kann als bei einer *simultanen Wahlgegenüberstellung*: Hier kann der Zeuge, der keine sichere Erinnerung mehr an den Täter hat, eher die Person, die die größte Ähnlichkeit mit dem Täter aufweist, „identifizieren", ohne den Täter tatsächlich wiederzuerkennen.

Bei der **Vernehmungsgegenüberstellung** sollen durch Rede und Gegenrede, Fragen und Vorhalte Widersprüche ausgeräumt werden, die sich aus der Einlassung des Beschuldigten und der Aussage eines Zeugen ergeben haben. Strafprozessual handelt es sich hierbei um eine besondere Art der Vernehmung der beiden gegenübergestellten Personen, für welche die Vorschriften über die Beschuldigten- und Zeugenvernehmung gelten; der Richter kann hier auch eine gegenseitige Befragung zulassen.

Aufgrund der Befugnis der Polizei, sowohl den Beschuldigten als auch den Zeugen zu laden und zu vernehmen, dürfen beide Personen zur polizeilichen Vernehmungsgegenüberstellung geladen werden. Da jedoch der Beschuldigte ein Schweigerecht hat und der Zeuge nicht zur Aussage bei der Polizei verpflichtet ist, ist die Vernehmungsgegenüberstellung nur durchführbar, wenn beide zur Aussage bereit sind.

Als Grundlage hierfür ist unstreitig § 58 Abs. 2 StPO heranzuziehen.

Kapitel III

Übungsklausur mit Lösungsvorschlag

Nach einem schweren Raub in ein Juweliergeschäft mit anschließender Schlägerei, bei dem neben wertvollem Schmuck auch mehrere „Cartier"-Uhren erbeutet werden, fällt im Rahmen der polizeilichen Ermittlungen der Verdacht bezüglich des schweren Raubes durch konkrete Zeugenaussagen schnell auf den unverheirateten, kokainsüchtigen A. Dieser ist für die Polizeibeamten aufgrund mehrfacher Verurteilungen kein Unbekannter; aus diesem Grund wissen die Polizeibeamten auch, dass sich A – bedingt durch seine dauerhafte Arbeitslosigkeit und das Nichtvorhandensein eines festen Wohnsitzes – fast ausschließlich in der Spielothek „Zum flotten Fünfer" aufhält. PK S und POK W begeben sich deshalb sofort zu dieser Örtlichkeit und treffen A dort auch an. Sie nehmen ihn nach entsprechender Belehrung vorläufig fest und verbringen ihn zur Wache.

A legt dort wegen der erdrückenden Zeugenaussagen ein umfassendes Geständnis ab und gibt darüber hinausgehend an, seit nunmehr zwei Wochen bei seinem Freund F, mit dem er auch den schweren Raub begangen habe, zu wohnen und wegen der kurzen Zeit nur noch nicht angemeldet zu sein; dort - in seinem Zimmer - finde die Polizei auch die Beute aus dem schweren Raub.

Die Polizeibeamten fahren nach diesen Angaben und dem vergeblichen Versuch, einen Richter zu erreichen, sofort zur Wohnung von F, in der A das Zimmer bewohnt. Auf längeres Klingeln und Klopfen hin öffnet niemand, woraufhin die Beamten den Schlüsseldienst beauftragen, die Tür zu öffnen. S und W durchsuchen anschließend das Zimmer des A. Auf die Hinzuziehung von Zeugen verzichten sie wegen der Eilbedürftigkeit. In einer Schublade findet S den besagten Schmuck und die „Cartier"-Uhren und stellt beides sicher.

Anschließend fahren die Polizeibeamten zum Hausarzt des A. Sie haben nämlich von M – dem Opfer der Schlägerei – erfahren, dass A sich selbst an der Hand erheblich verletzt haben muss. Vermutlich war A also in ärztlicher Behandlung. Da sich sowohl der Arzt nach entsprechender Belehrung als auch A gegen eine Herausgabe

---

[5] Die Grundlage der Klausur bildeten zwei Prüfungsarbeiten – ehemals erstellt von den Herren Wolfgang Große und Prof. Dr. Eckhard Lenz, HöMS Kassel.

der Unterlagen ausgesprochen haben, nehmen die Beamten die Unterlagen ohne deren Einwilligung mit.

Aufgabe:

Beurteilen Sie die Rechtmäßigkeit folgender strafprozessualer Maßnahmen:
1.   Vorläufige Festnahme des A
2.   Durchsuchung des Zimmers des A in der Wohnung des F
3.   Beschlagnahme der Krankenunterlagen des A bei seinem Hausarzt

Von der sachlichen, örtlichen und instanziellen Zuständigkeit der handelnden Beamten ist auszugehen, die Anordnungsbefugnis ist gleichwohl zu prüfen.

Bei den Beamten handelt es sich um Ermittlungspersonen der Staatsanwaltschaft.

Von der Einhaltung der Formvorschriften ist auszugehen, diese sind jedoch ebenfalls zu prüfen.

I.   Die Rechtmäßigkeit der von den Polizeibeamten S und W vorgenommenen **vor-läufigen Festnahme** könnte sich aus § 127 Abs. 2 i.V.m. §§ 112 Abs. 2 Nr. 2, 112 a StPO ergeben.

Mit dieser Maßnahme wird in das **Grundrecht des Betroffenen** aus Art. 2 Abs. 2 S. 2 i.V.m. Art. 104 GG - Freiheit der Person - eingegriffen.

1.   Hierzu müsste zunächst ein **dringender Tatverdacht** gegen A bestehen.
Ein solcher liegt vor, wenn die hohe Wahrscheinlichkeit gegeben ist, dass A als Tä-ter oder Teilnehmer einer Straftat in Betracht kommt.
Hier liegen Zeugenaussagen vor, die den A eindeutig belasten. Zudem sind die Aussagen so detailliert, dass sie auch glaubhaft erscheinen. Somit kommt A mit hoher Wahrscheinlichkeit als Täter in Betracht. Also ist der dringende Tatverdacht gegeben.

2.   Weiterhin müsste A **Beschuldigter** sein. „Beschuldigter" ist der Tatverdächtige, gegen den polizeiliche oder staatsanwaltschaftliche Ermittlungen wegen des Ver-dachts einer strafbaren Handlung geführt werden.
Die Polizeibeamten haben nach dem A gefahndet und somit bereits erste Maß-nahmen mit dem Ziel der Strafverfolgung gegen A eingeleitet. Damit ist A auch Be-schuldigter.

3.   Weiterhin müsste ein **Haftgrund** nach §§ 112 ff. StPO vorliegen.
Hier könnte als Haftgrund die „**Fluchtgefahr**" gemäß § 112 Abs. 2 Nr. 2 StPO in Betracht kommen. „Fluchtgefahr" besteht, wenn es aufgrund bestimmter Tatsachen im konkreten Einzelfall wahrscheinlicher ist, dass sich der Beschuldigte dem Straf-verfahren entziehen, als dass er sich ihm zur Verfügung halten werde.

---

[6]   Die Lösung der Klausur soll nicht als Musterlösung verstanden werden, sondern nur einen Lösungshinweis darstellen. Primär geht es hier um den Stil einer ausformulierten gutachtlichen Fallbearbeitung, die eine For-mulierungshilfe für künftige Klausuren darstellen soll.

Aus dem Sachverhalt geht hervor, dass A dauerhaft arbeitslos ist und zudem keinen festen Wohnsitz hat. Außerdem ist der A unverheiratet und kokainsüchtig. Er hat mithin keinerlei soziale Bindungen. Dies alles sind Indizien, die für eine „Fluchtgefahr" sprechen. Hinzu kommt, dass bei einem schweren Raub, wie A ihn begangen hat, eine (besonders) hohe Strafe zu erwarten ist. Der Haftgrund „Fluchtgefahr" liegt also vor.

Darüber hinausgehend könnte als weiterer Haftgrund die „**Wiederholungsgefahr**" gemäß § 112 a StPO in Betracht kommen. Davon abgesehen, dass dieser Haftgrund nur dann eigenständige Bedeutung erlangt, wenn kein anderer Haftgrund einschlägig ist (§ 112 a Abs. 2 StPO), gibt der Sachverhalt insoweit zu wenig Anhaltspunkte her: Zwar ist der schwere Raub eine in § 112 a Abs. 1 Nr. 2 StPO aufgelistet Katalogtat und der A ist auch bereits mehrfach verurteilt worden, der Sachverhalt gibt jedoch nicht her, dass A bereits wiederholt wegen Straftaten *gleicher Art* verurteilt worden ist; nur dann kann aber die „Wiederholungsgefahr" überhaupt in Betracht kommen. Der Haftgrund „Wiederholungsgefahr" liegt also nicht vor.

4.   Die Polizeibeamten sind nach **§ 127 Abs. 2 StPO** nur dann zur vorläufigen Festnahme befugt, wenn Gefahr im Verzug vorliegt. *Gefahr im Verzug* besteht, wenn die Anordnung des Richters nicht eingeholt werden kann, ohne dass der Erfolg der Maßnahme gefährdet wird.

Das Erwirken eines richterlichen Haftbefehls hätte mehrere Stunden in Anspruch nehmen können. Bis dahin hätte sich der A mit seiner Beute abgesetzt haben können. Da er auch keinerlei soziale Bindungen hat, lag dieser Verdacht nahe. Also konnte Gefahr im Verzug begründet werden und die Polizeibeamten S und W waren zur vorläufigen Festnahme befugt.

5.   Weiterhin müssen folgende Formvorschriften beachtet werden:

Gemäß **§ 127 Abs. 4 i.V.m. § 114 a S. 2 und 3 StPO** ist dem Beschuldigten mitzuteilen, welches die Gründe für die Festnahme sind und welche Beschuldigungen gegen ihn erhoben werden. Dies ist laut Sachverhalt beachtet worden.

Nach **§ 127 Abs. 4 i.V.m. § 114 b StPO** ist der festgenommene Beschuldigte unverzüglich und schriftlich über seine Rechte zu belehren. Aus der Aufgabenstellung des Sachverhaltes geht hervor, dass die Einhaltung der Formvorschriften zu unterstellen ist, so dass davon ausgegangen werden kann, dass diese Formvorschrift ebenfalls beachtet wurde.

Dem Beschuldigten ist gemäß **§ 127 Abs. 4 i.V.m. § 114 c Abs. 1 StPO** grundsätzlich unverzüglich Gelegenheit zu geben, einen Angehörigen oder eine Person seines Vertrauens zu verständigen. Auch dies kann unterstellt werden.

Nach **§ 128 Abs. 1 StPO** ist der Beschuldigte grundsätzlich unverzüglich dem Richter vorzuführen. Hier gilt das eben Gesagte entsprechend.

6. Die vorläufige Festnahme müsste auch **verhältnismäßig,** also geeignet, erforderlich und angemessen gewesen sein (§ 112 Abs. 1 S. 2 StPO).

Sie ist geeignet, wenn durch sie die Sicherung des Strafverfahrens gewährleistet wird. Durch die vorläufige Festnahme hat der Täter keine Möglichkeit zu fliehen. Er wird auf alle Fälle bei der Verhandlung anwesend sein. Damit war die Festnahme ein geeignetes Mittel zur Sicherung des Strafverfahrens.

Die vorläufige Festnahme ist erforderlich, wenn kein anderes, gleich wirksames Mittel in Frage kommen würde. Vorliegend war kein anderes Mittel als die vorläufige Festnahme erkennbar, um die Durchführung der Verhandlung zu gewährleisten. Somit war diese auch erforderlich.

Die vorläufige Festnahme ist angemessen, wenn sie nicht erkennbar außer Verhältnis zu der begangenen Straftat steht.

Hier wurde ein schwerer Raub begangen. Dies stellt einen Verbrechenstatbestand dar, bei dem die Strafandrohung nicht unter 3 Jahren liegt. Die hierzu durchgeführte Freiheitsbeschränkung des A und der damit verbundene Grundrechtseingriff stehen nicht erkennbar außer Verhältnis zu dieser Straftat. Mithin wurde die Angemessenheit ebenfalls beachtet.

Die Maßnahme war also verhältnismäßig.

Mithin war die vorläufige Festnahme rechtmäßig.

II. Fraglich ist, ob die **Durchsuchung** des Zimmers des A in der Wohnung des F rechtmäßig war. Dies könnte sich aus den **§§ 102 ff. StPO** ergeben.

Mit dieser Maßnahme wird in das **Grundrecht des Betroffenen** aus Art. 2 Abs. 1 i.V.m. Art. 1 Abs. 1 GG - Allgemeines Persönlichkeitsrecht - und in Art. 13 Abs. 1 GG - Unverletzlichkeit der Wohnung - eingegriffen.

1. Hierfür müsste zunächst ein **einfacher Tatverdacht** gegeben sein, d.h. zureichende tatsächliche Anhaltspunkte müssten auf eine verfolgbare Straftat hinweisen.

   Die Zeugenaussagen, die den A belasten, sowie sein eigenes Geständnis sind ausreichende Anhaltspunkte, die auf den schweren Raub hinweisen und ihn als Täter in Betracht kommen lassen.

2. Mithin ist A auch **Verdächtiger** der Straftat (vgl. dazu auch die Ausführungen oben zum „Beschuldigten").

3. **Durchsuchungsobjekt** war vorliegend das Zimmer des A, welches als seine Wohnung gewertet wird.

4. Als **Durchsuchungszweck** kam hier die Ermittlungsdurchsuchung in Betracht: Die Beamten wollten die Beute aus dem Raub, die Beweismittel darstellen, auffinden.

5. Weiterhin müsste die **Erfolgsaussicht** vorgelegen haben. Hier reicht die Auffindungsvermutung, dass die Durchsuchung erfolgreich verlaufen werde, aus.

   Aufgrund des umfassenden Geständnisses des A wussten die Beamten, dass sich die Beute aus dem Raub in seinem Zimmer befinden soll. Damit war die Erfolgsaussicht gegeben.

6. Laut Sachverhalt haben die Polizeibeamten S und W als Ermittlungspersonen der Staatsanwaltschaft die Durchsuchung angeordnet. Nach **§ 105 Abs. 1 S. 1 StPO** ist hierzu grundsätzlich nur der Richter **befugt**, es sei denn, es liegt Gefahr im Verzug vor. Dies ist immer dann der Fall, wenn nicht bis zum Eintreffen des rich-

terlichen Durchsuchungsbeschlusses gewartet werden kann, ohne den Erfolg der Durchsuchung zu gefährden.

Die Beamten haben vorliegend dem Grundsatz des § 105 Abs. 1 StPO dadurch Rechnung getragen, dass sie versucht haben, einen Richter zu erreichen. Dieser Versuch war jedoch erfolglos. Wäre nunmehr länger gewartet worden, hätte die Gefahr bestanden, dass der F, der laut der Angaben des A ebenfalls von dem Raub wusste, die Beute beiseite geschafft hätte. Somit lag Gefahr im Verzug vor und S und W waren als Ermittlungspersonen der Staatsanwaltschaft zur Anordnung befugt.

7.   Folgende Formvorschriften sind zu beachten:

Gemäß **§ 105 Abs. 2 StPO** sind nach Möglichkeit Zeugen zu der Durchsuchung hinzuzuziehen. Hier wurde aus Zeitgründen darauf verzichtet, womit die Beamten von ihrem Ermessen ordnungsgemäß Gebrauch gemacht haben.

Gemäß **§ 106 Abs. 1 StPO** hat der Beschuldigte ein Recht darauf, bei der Durchsuchung anwesend zu sein. Vorliegend haben die Beamten sowohl von einer Hinzuziehung des A als auch von einer Hinzuziehung eines Vertreters etc. aus Zeitgründen abgesehen, was ebenfalls zulässig war.

Gemäß **§ 107 StPO** war dem A auf Verlangen eine schriftliche Mitteilung über die Durchsuchung auszuhändigen – auch dies kann vorliegend laut Aufgabenstellung unterstellt werden.

8.   Ferner müsste auch die Durchsuchung **verhältnismäßig** gewesen sein.

Sie war geeignet, da durch sie die Beute (oder andere Beweismittel) aus dem Raub aufgefunden werden konnte.

Die Durchsuchung war auch erforderlich, da es keine andere gleichwertige Maßnahme gab, durch die der Schmuck aufgefunden werden konnte.

Weiterhin ist zu prüfen, ob die Durchsuchung auch angemessen war. Vorliegend steht der Verbrechenstatbestand des schweren Raubes nicht erkennbar außer Verhältnis zum kurzzeitigen Grundrechtseingriff der Unverletzlichkeit der Wohnung bzw. des Allgemeinen Persönlichkeitsrechts. Auch ein Hinzuziehen des Schlüsseldienstes war durch die Dringlichkeit der Situation gerechtfertigt.

Die Verhältnismäßigkeit der Durchsuchung war mithin gegeben.

Die Durchsuchung nach §§ 102 ff. StPO war rechtmäßig.

III. Weiterhin ist zu prüfen, ob die **Beschlagnahme** der Krankenunterlagen des A bei dessen Arzt gemäß **§ 94 Abs. 2 i.V.m. § 98 StPO** rechtmäßig war.

Mit dieser Maßnahme wird in das **Grundrecht des Betroffenen** aus Art. 14 Abs. 1 S. 1 GG - Eigentum - eingegriffen.

1. **Ein einfacher Tatverdacht** lag – wie bereits bei der Durchsuchung erörtert – vor.

2. Ferner müsste es sich bei den Krankenunterlagen um **Gegenstände mit potentieller Beweisbedeutung** gehandelt haben.
    Nach Angaben des Opfers M hat sich A erhebliche Verletzungen an der Hand zugezogen. Aufzeichnungen des behandelnden Arztes über die Art der Verletzungen könnten daher den Tatverdacht gegenüber A erhärten. Die Krankenunterlagen kamen folglich als Beweisgegenstände für die ebenfalls durch A begangene Körperverletzung in Betracht.
    Ein Gegenstand mit potentieller Beweisbedeutung lag mithin vor.

3. Der Arzt hatte auch **Gewahrsam** über die Unterlagen.

4. Da er sie nicht freiwillig herausgab, war eine **Beschlagnahme** gemäß § 94 Abs. 2 StPO erforderlich.

5. Vorliegend könnte jedoch ein **Beschlagnahmeverbot** nach § 97 StPO einschlägig gewesen sein.
    a) Bei den Krankenunterlagen könnte es sich vorliegend um Aufzeichnungen i.S.d. **§ 97 Abs. 1 Nr. 3 StPO** handeln.
        Aufzeichnungen sind auf Papier oder anderem Material festgehaltene mündliche Mitteilungen oder andere sinnliche Wahrnehmungen, die keine

Mitteilungen an Dritte enthalten. Hierunter fallen auch Krankenblätter, weshalb diese Aufzeichnungen i.S.d. § 97 Abs. 1 Nr. 3 StPO darstellen.

b) Diese Aufzeichnungen befanden sich, wie bereits erwähnt, im Gewahrsam des Arztes und damit eines **Zeugnisverweigerungsberechtigten** nach § 53 Abs. 1 Nr. 3 StPO.

c) Der Arzt dürfte weder im **Verdacht** gestanden haben, in die Taten des A verstrickt zu sein, noch dürfte es sich bei den Unterlagen um sogenannte **Deliktsgegenstände** handeln (§ 97 Abs. 2 S. 2 StPO). Für beides gibt der Sachverhalt keine Anhaltspunkte her, weshalb davon ausgegangen werden kann, dass weder eine Verstrickung des A noch ein Deliktsgegenstand gegeben ist.

d) Zudem lag – wie bereits erwähnt – weder eine freiwillige **Herausgabe** seitens des Arztes vor noch hat A den Arzt von dessen **Schweigepflicht** entbunden.

Mithin waren die Voraussetzungen des § 97 StPO gegeben und die Aufzeichnungen unterlagen einem Beschlagnahmeverbot.

Demnach haben die Polizeibeamten rechtswidrig gehandelt, indem sie die Unterlagen bei dem Hausarzt beschlagnahmt haben.